増補改訂版

「臨死体験」を超える

死後体験

坂本政道 *Masamichi Sakamoto*

ハート出版

はじめに

わたしの旅は死後の世界に対する猛烈な興味からはじまった。死の恐怖を解決するためと、10年ほど前に頻繁に体験した体外離脱がその後ろにあった。当時その旅がわたしをどこへ導いているのか、わたし自身、気がつかなかった。

死後の世界への好奇心から、わたしは米国のモンロー研究所を頻繁に訪れるようになった。モンロー研究所ではヘミシンクという音響技法を用い、意識状態をいわゆる変性意識状態へ持っていくことで、死後の世界が体験できるといわれていたからだ。

変性意識状態とは、意識が覚醒状態からずれた状態をいう。瞑想状態はその一例である。ヘミシンク法はロバート・モンローが開発したものであり、これを使うと人間の意識状態を覚醒状態から変性意識状態へ持っていくことが可能である。また意識が肉体から離れた状態、いわゆる体外離脱状態を実現することも、さらには死者のとる意識状態へ導くことも可能だという。その段階では死者と会ったり、死後の世界を探索することが可能になるという。

わたしは死後の世界を探索するため、モンロー研究所を2001年以来、これまでに6回訪問した。そして、そこで行なわれる種々の体験プログラムに参加した。そこでは驚くべき体験がわたしを待っていたのである。死後の世界は謎ではなくなったのだ。

ところが旅はそこで終わらなかった。それだけにはとどまらなかった。自分がより大きな自己、トータル・セルフの一部であることを知ったのである。トータル・セルフとの邂逅《かいこう》をとげたのだ。すべてのことはわたしをここへ導くためのものだった。

このヘミシンク法を用いれば、おそらく誰でもわたしと同じように、死後の世界を体験し、自身のトータル・セルフに巡り会うことができるだろう。そのことは、いままでにモンロー研究所のプログラムに参加した多くの人たちが実証している。

モンロー研究所については、残念ながら日本ではほとんど知られていない。米国ではモンローの著作がベストセラーになった経緯もあり、知名度はかなり高い。『死ぬ瞬間』の著者エリザベス・キューブラー・ロスも、モンロー研究所で体外離脱体験（体脱体験）をしたということだ。

本書を通して、モンロー研究所とそこで発見された価値ある知見が、広く日本の人たちの知るところとなり、さらには読者が自身のトータル・セルフとの邂逅をとげることができるようになれば幸いである。

２００２年11月

蓼科にて著者記す

改訂版に寄せて

『死後体験』が2003年に出版されてから、早いもので、すでに15年が経った。おかげさまで、その間、20刷まで達することができた。

オリジナルの『死後体験』は、わたしにとって言わば原点のような本である。ここからすべてが始まったように思える。本書が売れたおかげで、それに続く死後体験シリーズが出版され、さらに数々の本を出すことができた。この15年に50冊近くを出版することができたのは、ひとえに『死後体験』のおかげだと思う。

また、わたし個人だけでなく、この本がひとつの転換点になったという読者も多いようだ。わたしはヘミシンクのセミナーを2005年から開催しているが、参加した経緯や興味を持ったきっかけについて、参加者全員にお話ししてもらっている。『死後体験』を読んだためという人が当初は圧倒的に多かった。15年経った今でも、ときどきそういう人がいらっしゃる。そう思うと、この本の与えたインパクトは相当なものだったと言えそうだ。

今回、増補改訂版を出版することになり、あらためて読み直してみた。これだけの年数が経つと、さすがに内容が時代に合わなくなっているかなと思いきや、そんなことはまったくなかった。今の時代にほとんどそのままで通用するのである（テープという言葉が使われている箇所をＣＤに置き換えるだけ）。

なぜだろうか。

理由は簡単である。本書は死という問題を扱っているからだ。

死は時代を超えて人類にとって常に大きな問題となっているのであり、その解決策を提供するモンロー研のヘミシンク・プログラムは、いつの時代でも常に必要とされている。それを紹介する本書は、同様に時間を超えて常に必要とされているのである。いわば、不変的なことがらを扱っているので、時代に左右されないのだ。

そういう意味で、本書は不朽の書と言えるのではないだろうか。

増補改訂版を出すにあたり、原著では紙幅の都合上、割愛せざるをえなかった次のことがらを載せることにした。

①南洋の島での過去世を初めて体験したときのエピソードと、そこでのガイドからのメッセージ（第四章）。

②ＭＣ２プログラムの体験録（第十一章）。このプログラムは、思いを物質世界で具現化するやり方を学ぶもので、その具体的な練習として、スプーン曲げに挑戦したり、種《たね》の発芽に影響を

およぼしたり、体のヒーリングを行なったりする。創造的なエネルギーの源（ソース）とハートを通してつながり、一体化し、さらに、そのエネルギーを物質次元へ降ろしてくることで、物質世界で思いを具現化するのである。このコツをつかむためのプログラムがＭＣ２だと言える。

また、著者追記という形で、最新情報が必要な箇所には、それを提供した。

その他、単純な誤字や、情報が正確さを欠く部分の訂正、および、文章表現の見直しなども行なった。

この増補改訂版が、２００３年当時は若すぎて縁のなかった方々や、さまざまな理由で縁のなかった方々の手に届けばと思う次第である。

なお、本書の作成を提案してくださったハート出版の皆様に感謝したい。

坂本政道

２０１８年１月

目次

本文中のイラスト・写真／坂本政道

第一章　死後のことは本当にわからないのか

死後はあるか?

人は死んだら、どうなるのだろうか?

まったく無になるのか?　それとも魂や霊というものが存在し、死後も何らかの形で存在しつづけるのか?　霊魂の住む世界、死後の世界というものがあり、各種の宗教の教えるように、そこには地獄や極楽、天国があるのか?

人類にとってこれは永遠の問いであり、また永遠の謎である。

過去数千年にわたり、さまざまな英知が死後の有無について議論してきたが、結論を見ずにきている。結論の出ない理由は明白だ。死後について知る適切な手段が、存在しないからである。死後の有無を調べる手段がない状態で、死後があるの、ないのと議論を重ねても、不毛な議論にならざるを得ない。

この状態はたとえてみれば、望遠鏡なしで大宇宙の神秘を議論しているようなものである。望遠鏡の発明がなかったならば、そしてガリレオが望遠鏡を月や木星に向けて観察することがなかったならば、われわれはいまだに、天動説が正しいか地動説が正しいか議論していたかもしれない。まして銀河の存在や、太陽系がその一部であるなどという知識は得られなかっただろう。

死後の有無を調べる手段はないのだろうか？　宇宙の神秘を解明する望遠鏡にあたるものは存在しないのだろうか？

◇　◇　◇

人は死を恐れる。

これは論理ではなく直感である。論理的に、これこれこうだから死が怖いのではない。無条件に怖いのである。これまた不思議なことだ。人はなぜ死を恐れるのだろうか？　死後のことが未知だからか？　それとも、そこに暗黒の暗闇が待っていると魂が感じているからか？　この疑問は最初の問いの答えと密接な関連があると思われる。

死後のことが明らかになれば、死の恐怖はなくなるのだろうか？

◇　◇　◇

ここで、死後のことは現代科学で証明済みだ！　死とともに自己の存在も終焉する！　と主張する人もいるかもしれない。はたしてこれは正しい議論だろうか。

現代科学は、宇宙のすべての現象を物質とエネルギーで説明する。この観点から見ると、たしかに人間の精神活動も、結局は脳内などの肉体内の物理化学現象に還元されるはずなので、肉体の死がもたらすものは「無」である。自己の存在は受精とともに開始し、死をもって終了する。

しかしここにはひとつの見落としがある。現代科学が扱ってきたのは物質やエネルギーだけであり、その範囲にとどまる限り、科学はほぼすべての現象を説明することに成功した。しかし、ここで問題なのは人間の精神活動は、はたして物質やエネルギーの範囲内のものだろうか、ということだ。このことが明白に証明されない限り、肉体の死がもたらすものは無であると結論づけるわけにはいかない。

近年、脳の機能について探究が進んでいる。人間の種々の精神活動が脳のどの部位で起こるのか、いろいろ調べられてきた。ところが脳をいくら研究しても肝心な「意識の座」が、脳のどこに存在するのか特定できないという（立花隆『臨死体験』）。そこに全体を統括する、物質ではない何らかの実体を、想定する必要があるということではないだろうか。

話を本題へもどす。死後の有無についての長年の議論に終止符を打つには、死後について知る必要がある。はたして死後の有無を探る手段はあるのだろうか。宇宙の神秘を解明する望遠鏡に相当するものは、つまり死後を解明する画期的な手法はあるのだろうか。

実は、これまでにいくつかの手段が試されてきている。

臨死体験

ひとつは臨死体験者の体験談から死後を推測することである。立花隆氏の『臨死体験（上・下）』（文藝春秋）は、いままでの数々の研究成果を総括しているが、結局のところ、臨死体験といえども脳内現象なのではないのか？　という疑念を払拭できないでいる。つまり、これで本当に死後のことがわかるのか、という根本的なところで足踏みをしいられているのだ。さらに、臨死体験が脳内現象でないとしても、臨死体験者の体験はせいぜい死後の世界の入り口までの体験であり、死後の世界の全容はこれではわからない。これは敵国の情勢を知るのに、国境沿いの地帯だけ調べているようなものだ。

また、本当に死んでしまった人と、生還した人で、体験に本質的な違いがある可能性がある。つぎのたとえで説明したい。

あるところに花の咲き乱れる草原があって、そこにはライオンが潜んでいるという。何人もの人がそこに迷い込んでしまい、帰って来なかった。ただごくわずかだけ帰って来た人がいた。そのひとりは言う。

「お花畑のようにとてもきれいなところだった。太陽が明るく輝いてぽかぽかと暖かだった。ライオンなんていなかったし、あそこはとてもすばらしいところだ」

帰ってこなかった人はみなライオンに食われてしまったのだが、わたしたちはその人たちの話を聞くことはできない。

退行催眠

臨死体験談以外にも、死後について解明するための、いくつかの手段が試みられている。たとえば、退行催眠という方法がある。

これは被験者を催眠状態に誘導したあと、子どもの時期、乳児期と時間をさかのぼらせる。さらに母親の胎内にいたとき、生まれる前の時期と過去にもどり、そのときの記憶をよみがえらせる。この方法を使うと前世や、さらにその前のいくつもの過去世を、思い出すことが可能であると言われている。この方法により、生と生のあいだの体験、つまり死後の体験について、驚くべき情報が得られてきている。たとえばJ・L・ホイットン他著『輪廻転生』（人文書院）には、いくつもの事例が紹介されている。

ただ、退行催眠を行なえば誰でも過去世まで行かれるのかというと、そうではない。『前世療法』（PHP研究所）の著者ブライアン・ワイスによれば、被験者の3ないし5%という、きわめてまれなケースであるという。

体外離脱

体外離脱能力者（意図的に体外離脱できると主張する人）が死後の世界を探索し、報告するというのも、ひとつの手段である。体外離脱とは、その人の実体が肉体をはなれ、体からはなれた場所のようすを見たり把握したりする現象をいう。幽体離脱とも呼ばれる、肉体とは独立して存在する自己の存在を知る体験である。

わたしは1990年ごろに頻繁に体験した。抜け出た実体は、通常はこの現実世界内の別の場所に行くが、非物質界、とくに死後の世界へ行くことができると主張する人もいる。

たとえば、ロバート・モンローは、1000回以上におよぶ体外離脱体験で得た知見を、その三部作*に著しているが、そこには死後の世界についての詳細が明らかにされている。ただ問題は、ここに語られていることがどこまで本当かどうか、証明不可能だという点である。あくまでも、モンローの個人的体験をつづったものであるからだ。

この問題は、退行催眠で得られる情報や臨死体験談にも当てはまる。内容の正当性の証明はむずかしいか、不可能なのだ。ただ、こういった多くの報告に特定の共通パターンが認められれば、

＊『ロバート・モンロー「体外への旅」』（ハート出版）、『魂の体外旅行』（日本教文社）、『究極の旅』（日本教文社）。

そこに何らかの実体の存在を推測することは可能である。

ヘミシンク法

死後の世界について、直接体験を通して一般の人が知ることはできないのだろうか？　臨死体験や体脱体験というのは、ごくわずかの人がたまたま体験したものである。また、臨死体験談や体外離脱者の話はあくまでも体験した人の話であり、自分の体験ではない。ディズニーランドに行った人の体験談をいくら聞いていても、実際自分で体験するまでは、その真価はわからないだろう。死後の世界についても同様で、他人の話を聞くのではなく、自分で直接体験することはできないのだろうか？

これに対する答えはイエスである。可能なのだ。少なくとも、可能であると主張する研究機関がある。アメリカにあるモンロー・インスティテュート（本書ではモンロー研究所と呼ぶことにする）である。これは名前が示すようにロバート・モンローにより設立された非営利団体であり、変性意識状態の研究と啓蒙活動を目的としている。そこでは1週間の滞在型体験プログラムが用意され、ヘミシンクという音響技法を用いて、一般の人が死後の世界だけではない、種々の変性意識状態を体験できるようにしている。

モンロー研によれば、死者のとる意識状態も体験でき、いわゆる死後の世界を探索できる。何種類かのプログラムがあるが、いままでに数千人[*]の希望者により受講され、膨大な量の体験内容がファイルされている。多くの人がモンローの体験との共通性を示すような体験をしていると同時に、新たな発見も多く見られた。

モンローは各自の直接体験を重視し、自分の考えを押しつけるということを極力ひかえた。各自の宗教的な信念にあえてチャレンジするというよりも、各自が自ら調べ、たしかめるという態度を通した。そのため受講後、宗教観が激変した人も深まった人もいる。そういった背景もあり、彼の死後も、モンロー研は教条的（ドグマティック）な姿勢を極力排除している。死後の世界は自分で調べ、体験的に知るのが最も説得力があることをよくわかっているからだ。

◇　◇　◇

死後の世界があるとして、モンロー研の手法でその世界を探索し明らかにされる情報は、科学的に見て説得力があるのだろうか。何らかの形で科学的に検証可能だろうか。

わたしは答えはノーだと思う。

従来の科学的な手法を用いて証明することは不可能だと思う。ただし、これはちょうど「夢」を見るのに似ているのだと思う。

＊『究極の旅』（日本教文社）によれば1993年の段階で7000人以上。

もし世のなかで、夢を見るのがあなたひとりだったとしたら、あなたは夢を見たという体験をほかの人に証明できるだろうか？　客観的な事実として証明できるだろうか？　おそらく不可能だろう。夢を見るという現象について誰もその存在を疑わないのは、ほとんどの人が夢を見たことがあるからだ。科学的に証明されたからではない。

同じように、死後の世界を見るという体験を、科学的に証明するのは不可能だろう。まして、その体験内容を証明するのはむずかしい。ただ、多くの人がその体験を持ち、その体験を確信すれば、証明は不必要となるだろう。また体験内容に共通要素が見出されれば、そこに何らかの実在を確信することはできるだろう。

◇　◇　◇

この章を終わるにあたり、ここでの要旨をまとめてみたい。

死後の有無について人類はおそらく有史以来議論してきたが、結論を見るに至ってない。それは死後について調べるすべがないからであった。ところが、アメリカのモンロー研は死後の世界を体験する手法を提供できると主張する。それが本当だとしたら、驚くべきことであり、人類は有史以来の謎を解き明かすことがついに可能になったのである。

モンロー研では一体どのようにしてこれを可能としたのだろう。

次章でさらに説明をつづけたい。

アメリカ・バージニア州にあるモンロー研の建物、ナンシー・ペン・センター。
「死後の世界を見る」という体験が、これから始まる。

第二章　ロバート・モンローとヘミシンク

フォーカス・レベル

ロバート・モンローは、ラジオ放送のプロデューサーとして活躍した人である。1958年、42歳のときに最初の偶発的な体外離脱体験（体脱体験）を持ち、それが彼のその後の人生を大きく変えることになった。71年にはモンロー研究所を設立し、音響パターンが意識状態に与える効果について、精力的に研究しはじめる。その後の研究の経緯については『魂の体外旅行』（日本教文社）の第二章に詳述されているので、ここではその要点のみを紹介したい。

モンローは、医師や物理学者、技術者などの協力のもと、被験者を真っ暗闇のブースのベッドに寝かせ、さまざまな音のパターンが被験者の意識にどういう影響をおよぼすか、丹念に調べた。試行錯誤と長時間の実験の結果、ある音のパターンを被験者の耳に送り込むと、被験者の脳波に同じような電気反応が起こること、脳波の周波数をコントロールすることにより被験者をリラックスさせたり、覚醒状態にとどめたり、または眠りに入るようにできること、さらに周波数を適切に組み合わせると、体外離脱やそのほかの変性意識状態を誘引できることを発見した。その後、研究はさらに進み、開発された技術は最終的にはヘミシンク（脳半球同調）プロセスと呼ばれるようになる。

このようにしてモンローらはヘミシンクを用いることで、さまざまな意識状態を被験者に体験させられるようになった。そのなかで、最初に再現性よく体験させられるようになった意識状態は、彼らがフォーカス10と呼ぶようになった状態である（どうしてこう呼ばれるようになったか、モンロー自身も覚えていないとのことである）。フォーカス10というのは、モンローの言葉によれば、

「頭は覚醒していて体が眠っている状態」

を指す。

モンローはいろいろな意識状態を表すのに、便宜上フォーカス・レベルという概念を導入した。これは、さまざまな人たちに、ヘミシンクを用いていろいろな変性意識状態を体験してもらう際、適切な名前が必要だったからである。フォーカス10とか12とか、番号自体にはたいした意味はないが、番号が大きくなるにつれ物質的な世界からはなれていく。

その後の研究で特定できるようになった意識状態は、フォーカス10、12、15、21と呼ばれるよ

うになった。これらのフォーカス・レベルの詳細については後述するが、以下、簡単に説明する。

フォーカス10

意識ははっきりと目覚めているが、体は眠っている状態。

フォーカス12

知覚が拡大した状態。肉体からの信号はさらに弱まる。

フォーカス15

無時間の状態。時間の概念が存在しない。物質界からの信号はさらに減少する。

フォーカス21

時空の縁《へり》。ほかのエネルギー・システムへの架け橋。ここは物質世界と非物質世界・死後の世界との境界である。

さらに死者のとる意識状態として、フォーカス23以降27までが明らかにされた。

◇　◇　◇

モンローによれば、人間の意識というものは連続体であるという。ちょうど太陽光がプリズムで分光すると7色のスペクトル[*]にわかれ、さらには、赤外、紫外の両方向へ無限につながっていくように、意識というものは連続体である。普段覚醒している状態では、その連続スペクトルのうち、物質界に制限された範囲内だけを使っている。肉体がそれを可能とするのだ。何らかの理由で意識が覚醒状態からドリフトすると、意識のスペクトル上を漂いはじめ、物質界そのものをあまり認識しない状態になる。

ヘミシンクとは、ドリフトしやすい意識を、連続スペクトルのなかのある状態に集中（フォーカス）させる方法である。

人間の意識というものは、普段起きている時点でも移ろいやすいものだ。ときどき「われここにあらず」という状態になったりする。いわゆる白昼夢といわれるのも、意識の一部が別の状態に移った状態である。瞑想状態や睡眠も、別の意識状態へ移行した状態である。

このあたりのことはラジオを例にとればわかりやすい。ラジオはいろいろな周波数の電波のなかで、ある特定の周波数（局）を選別する。この状態は人間の意識でいえば、連続スペクトルの内のある特定の状態が選別されていることに相当する。たとえば覚醒時では、意識は物質界に

＊太陽光をプリズムに通すと7色の虹ができる。7色の光はそれぞれ異なった波長を持つ。虹のように、波長（周波数）の違いが目に見えるような形で表されたものをスペクトルという。

チューニングされている。ラジオのチューニング用のダイヤルをゆっくり回していくと、ひとつの局の音が次第に小さくなり、次の局がかすかに聞こえてくる。さらにダイヤルを回すと元の局はまったく聞こえなくなり、次の局だけがはっきりと聞こえるようになる。

これは人間の意識でいえば、たとえば物質界にチューンされていた意識が次第に別の状態へ移行し、物質界（肉体や外界のようす）からの信号が弱まり、次第に別の状態からの信号が把握されるようになることに相当する。さらに意識が移行していくと、物質界からの信号はまったく把握されなくなり、別の状態からの信号のみが把握されるようになる。

ヘミシンクは、この意識のチューニングを意図的に行なう。使われる音響パターンに応じた特定の意識状態へ、意識を移行させるのである。

◇　◇　◇

古来さまざまな宗教で崇高な精神状態に到達するために、種々の方法が試されてきた。瞑想や座禅、あるいは断食行や厳格な戒律に従った修行、修道院にこもっての禁欲生活などである。精神を肉体から解放するために、肉体を徹底的に苦しめる難行苦行などもこのための必死の努力であった。いずれの方法も目的を達成するには、長年にわたる忍耐と不断の努力が不可欠であった。

結局のところ、これらは意識を連続スペクトル上で、物質界からずれた状態へ移行させるための試行錯誤である。物質界から意識をシフトさせることで、守護霊や仏などの高次の霊的存在との交信を図ったり、予知、念力、ヒーリングなどの超能力を発揮できるようにしたのである。いわゆる霊験あらたかな修験者とは、そういうことができる人たちのことである。

これらのさまざまな修行方法は、当初の開発者たちにはある程度の効果をもたらしたかもしれないが、師匠から弟子へと受け継がれていくうちに、次第に教条化し、本来の目的を忘れて方法自体が目的化してしまった場合が多い。つまり意識を物質界からずれた状態へもってゆくための修行であるという本来の目的を忘れ、修行そのものが目的化してしまっている。あるいは方法を無理に文章化したために、真意がゆがめられて伝えられたケースも多々あることは、想像にかたくない。いずれにせよ、こういった方法で、再現性良く自分の意図する特定の変性意識状態へ移行させることは、至難の技であると言わざるをえない。

これに反しモンローの開発したヘミシンク法は、ある特定の音響パターンを聞くだけで、人をさまざまな変性意識状態へ持っていくことが可能であるという。ここで重要なことは、音響パターンを選ぶことで、再現性良く、しかも随意に特定の変性意識状態へ持っていくことが可能であるということである。これが本当なら、人類はついに数千年来の夢を実現したことになる。この状況はたとえてみれば、こんなものだ。

その村には古い言い伝えがあった。山また山の奥深くに秘境があり、そこには霊泉があるという。何百年も昔、聖者が現われ、長い年月の努力の末、ついに霊泉まで行く道を見出した。聖者は行き方を村人に伝えた。村人の何人かは聖者に従い霊泉まで行くことができた。ところが聖者が去り、何十年かの時が経つと、霊泉まで行くことのできる村人も死に絶えた。行き方は口伝され、その後、文字に書かれることになったが、誰ひとりとして、そこへ行くことはできなかった。

ところが近年になり、ある男が霊泉まで行った。その男はほかの連中に道を教えるのにハイテクを駆使することにした。その男はまず衛星写真を使い、霊泉のありかを、緯度と経度、高度によって、数十センチの精度で明らかにした。つづいて、GPS（全地球位置把握システム）機能を搭載したヘリコプターを用いることで、誰でもいとも簡単に霊泉へ行き、霊水を飲むことを可能としたのだ。

第三章　モンロー研は正しいか？

ヘミシンク

モンロー研の主張するようにヘミシンクを使えば、さまざまな変性意識状態や、さらには死後の世界を体験できるのだろうか？

これだけは、モンロー研を訪問し1週間の体験プログラムに参加して、自分で直接たしかめるしかないだろう。他人の体験はあくまでも他人の体験である。ヘミシンクのいい点は、誰でも自分で確認できるという点だ。どこかの偉い高僧や聖人の言ったことを、やみくもに信じる必要はないのだ。

ただ、そうは言うもののモンロー研はアメリカにあり、日本からはそう簡単には行かれそうにない。ところが都合のいいことに、モンロー研からは、ヘミシンクの入ったテープが市販されている〔著者追記：今はテープではなくＣＤ〕。モンロー研に行かなくても、このテープを聞けばいいのではないか。ゲートウェイ・エクスペリエンスというテープセットは、フォーカス10と12の状態に到達するためのものであり、全部でテープが36巻ある〔著者追記：今はフォーカス10と12だけでなく、15と21の状態にも到達できる〕。実はわたしはこのテープセットを10年以上前の１９９０年ごろに購入し、試していた。

90年当時、わたしはアメリカのカリフォルニア州に住んでいて、エンジニアとして米国のハイテク企業で働いていた。体外離脱体験に興味があり、本屋でたまたまモンローの1作目を見つけて読んでいたのだ。そして自分も体外離脱体験（体脱体験）を頻繁にするようになっていた（これはテープを購入する以前のことである）。そのあたりの経緯については、拙著『体外離脱体験』（たま出版）に詳述したので、興味のある方はそちらを参照されたい。

わたしの体脱体験についてひとつだけここで言うとすれば、一連の体験はわたしの世界観を一転させたということだ。それまで「自分」とはこの肉体と切っても切りはなせないものと信じて疑わなかったが、それは間違いだった。「自己」は肉体から独立して存在するのである。それをわたしは信じているのではない。知っているのだ。

これらのテープを聞くとたしかに、一瞬体が眠り、寝息が聞こえる状態になる（つまりフォーカス10になる）が、そこから体脱へ持っていくことはどうしてもできなかった。この状態はわたしがテープなしで体脱直前に体験していた状態に比べて、リラックス度が浅すぎるように思えた。

体の眠りが浅すぎるのだ。その後、95年に日本に帰ったこともあり、テープを聴くことはいつのまにかやめていた。

転機が訪れたのは、2000年になってからである。

5月に退職したのを契機に、体脱現象の研究に本腰を入れることにした。その一環として、モンロー研のテープを再び頻繁に聞くようになったのだ。すると、体脱は依然として起こらなかったが、フォーカス12用のテープを聞いている際に、不思議な体験を何度かするようになった。そのひとつはこんな体験だった。

2001年2月26日（月）

朝6時に起き、モンロー研のテープを聞く。ちょっと、ウトウトしながら15分ぐらい聞いていた。ところどころ夢見状態で、聞き逃すところがあった。すると、突然家内が北のほうから低空でスーとやってきたかと思うと、そのまま彼女の体のなかにさっと入ったのがわかった。家内は目覚めてすぐに起き上がると、ふとんから出て行った。この間、わたしは左を向いていて家内には背を向けていた。姿やなにかが視覚的に見えたのではない。気配を感じたというのが適切だ。3メートルぐらいはなれたところからヒューッと飛んできたのがわかった。その前はわからない。あとで家内に聞くと、ウトウトしていた、という。

さらにルーシッド・ドリームを頻繁に見るようになった。ルーシッド・ドリームとは日本語では明晰夢と呼ばれるものである。夢のなかで目覚め、夢を見ていることに気がついたまま夢を見つづけるものをいう。夢の内容をある程度、意図的に変えることもできる。

ヘミシンクには何かある、何かの効果があるのだ。やはりこれは実際に行ってたしかめるしかない。そう思いだしたのは２００１年の2月のことだった。

ただモンロー研は、バージニア州のフェーバーという片田舎にあり、あまりに遠いという気がした。ところがインターネットで最適なルートを調べてみると、意外なことにそれほど大変ではないことがわかった。

まず全日空でワシントンDCまで飛ぶ。そこからユナイデット・エクスプレスに乗り換えシャーロッツビルへ20分ほど飛べば、あとはモンロー研からの出迎えのバンが来る。わたしは幸い成田空港から車で30分ほどのところに住んでいるので、ドア・トゥ・ドアで20時間ほどだ。

モンロー研のウェブサイトによると、体験プログラムにはいくつもの種類があった。ただ初めての参加者は、まずゲートウェイ・ヴォエッジ（直訳すると入門航海という意味）というプログラムに参加する必要があった。これはフォーカス10から21までを体験するもので、死後の世界であるフォーカス23以降は、ライフラインというプログラムに参加して初めて体験できる。死後の世界をすぐにでも体験したかったが、基礎を学ばずには応用は無理だろう。ということで、まずはゲートウェイ・ヴォエッジに参加することにした。

ウェブサイトから応募用紙をプリントアウトし、必要事項を記入し、ファックスで送る。これから飛行機の予約などをする必要があるのと、3月中はスキーに行ったりするので、4月7日から13日までのコースに参加希望とした。参加費はたしか1600ドルぐらいだったと思う。支払いはクレジット・カードにした。

ここで余談になるが、モンロー研での会話、説明、討論は当然ながらすべて英語になる。日本人の場合、ネイティブ・スピーカーの会話は、かなり聞き取りにくいという問題に直面する。わたしは幸いアメリカ、カナダに合計10年住んでいたので、その点は心配しなかった。

10日ほどすると、モンロー研から参加許可を知らせる書面と準備のためのテープ2本（フォーカス3とイントロ・フォーカス10）などが郵送されてきた。

変なもので、いざ参加することになると、なんとなくこれでいいのかという思いが湧いてきた。モンロー研のことは十分理解していて、オカルト的な集団ではないことはよくわかっていたが、それでも、自分がなにかとてつもなく危ない方向へ、舵《かじ》を切りはじめているような気がしてならなかった。

これによって今後の人生が大きく変わってしまいそうな、なんとも言えない不安、元にもどるならまだ間に合うぞ、と自分のどこかが叫んでいるような感じなのだ。

第四章　生霊に会った！——ゲートウェイ・ヴォエッジ・プログラム

いざモンロー研へ

2001年4月7日（土曜）午後、われわれを乗せたバンは、シャーロッツビル空港から一路モンロー研へ向かっていた。

落葉広葉樹系の林のなかをひたすら走る。

道の脇にはアーリーアメリカン・スタイルの白ペンキを塗った木造建築の家が点在している。シャーロッツビルを出てから45分ぐらい走っただろうか、車はロバーツ・マウンテン・ロードに入った。ゆるやかな砂利道を登ると、行く手に八角形の尖塔を有する建物が見えてきた。写真で何度も見たあの建物、ナンシー・ペン・センターだ。ついに来たのだ。

ここは、緩やかな起伏の丘のなかにある牧場といった感じのところだ。実際、以前は牧場だっ

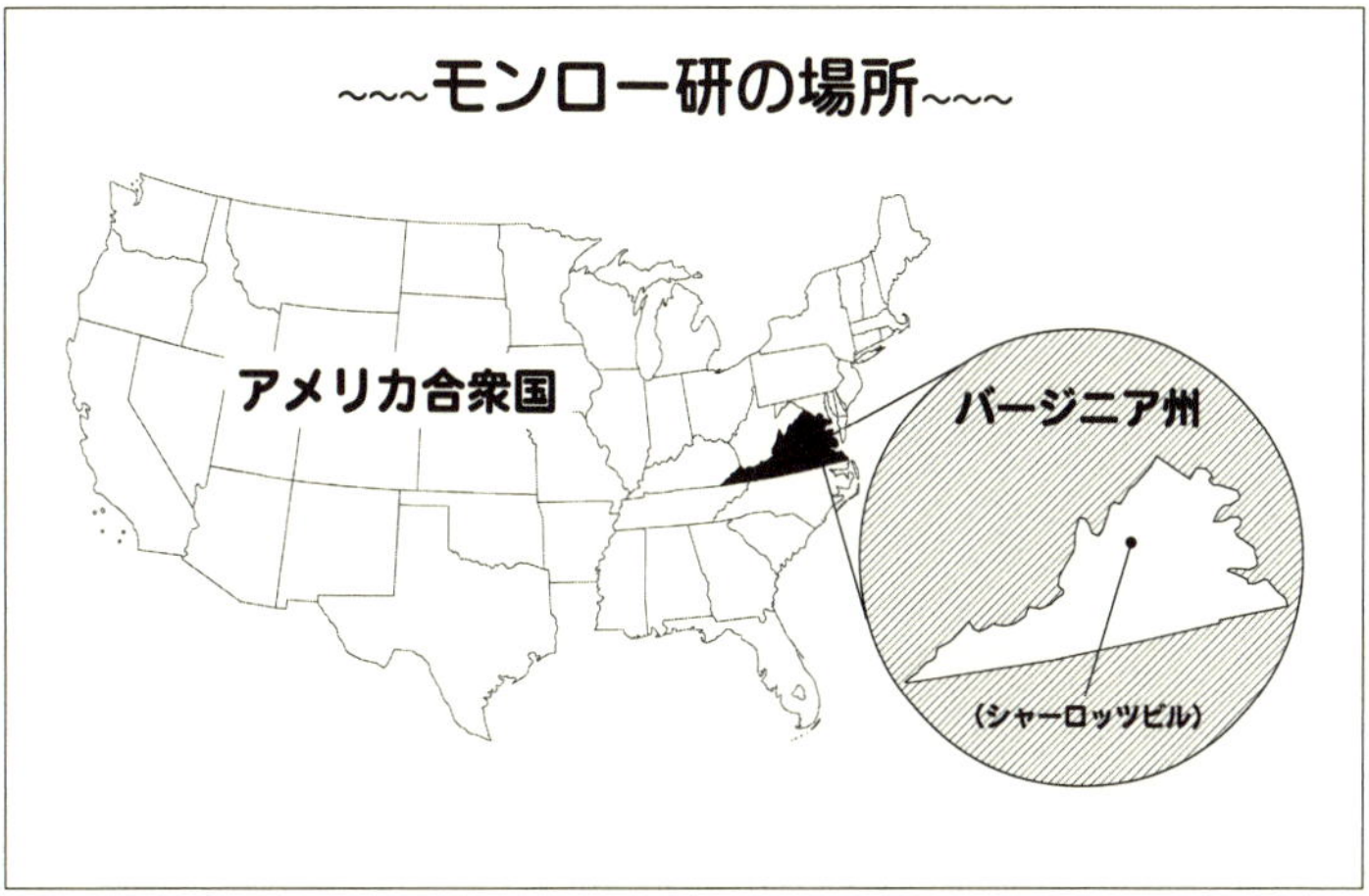

た。いまでも一部は牧場になっていて、はるか遠く山の斜面に放牧された牛が、草を食《は》んでいる。ここは実に見晴らしがすばらしい。

なかに入り、割り当てられた部屋に荷物を置くと、さっそく、到着した6名に対し館内の案内があった。へそ出しルックのティーン・エージャーの女の子が、各部屋の機能について説明してくれた。

ここは南向きの斜面に建てられているので、北側の玄関は2階に相当する部分にある。2階に参加者用の宿泊施設があり、1階にはカフェテリア、ミーティング用の大広間、キッチン、コントロール・ルームなどがある。さらに地階にはトレーナーの宿泊施設、エクササイズ・ルームがある。地階といっても、半地下になっていて直接外へ出られる。

その後2階でぶらぶらしていると、一人ひとり順番にインテーク・インタビュー（受け入れ面接）を受けた。これはプログラムを指導するトレーナーからいろいろ質問され、それに答えるというものだ。質問はここへ来たいきさつや、なにを期待しているかなどで、会話はカジュアルでリラックスした雰囲気で進んだ。これはプログラム全般に言えることだった。4月にしては異常に暖かかったこともあるが、服装はみなTシャツにショートパンツ。裸足の人も多かった。

参加者には、ふたりに1部屋があてがわれた。

各部屋にはCHEC（Controlled Holistic Environmental Chamber 全環境が制御された部屋、チェックと発音される）ユニットと呼ばれるベッド1個分の小部屋がふたつある。なかはカーテンを閉めると真っ暗になる。参加者は、ここでヘッドフォンをつけて横になり、ヘミシンクを聞く。夜の睡眠もこのなかでとる。

夕方から全員ミーティングが、隣の建物のデービッド・フランシス・ホールで行なわれた。プログラムを指導するトレーナーは、ジョンとシャーリーン。

プログラム中は時計は不要ということで、全員時計をとられた。次《つ》いで、隣に座った人とペアになり、互いにインタビューしたあと、全員の前でそれぞれの相手を紹介した。今回のプログラム参加者は23名。アメリカ以外からは、イギリス、フランス、スイス、ドイツ、マレーシアからの参加者だった。

このうちいままでに、体脱を体験したことがある者が、わたしを含めて3名。そのうちのひとり、キャサリンという30歳ぐらいのグラマーな女性は、相当なサイキック（超能力者）だった。彼女はオーラが見え、予言、予知が当たるという。見るからに神経質そうで、かなりの精神的問題を抱えていることが見てとれた。この精神的なストレスが、彼女にサイキック能力を与えているようだ。子どものときに性的虐待を受けているように、わたしには思えた。この女性が今回のことの成り行きに、重大な役割を演ずることになる。

トレーナーからこのプログラムの概要についての説明があった。その目的は、以下の通り。

- フォーカス10、12、15、21の各意識レベルを体験し、慣れ親しむ。
- 自分について、より深い知見を得る。
- 意識を拡大させる。
- その結果として、われわれが肉体以上の存在であることを認識する。

体外離脱は可能かもしれないが、それは、このプログラムの目的のほんの一部でしかない、とのことだった。

この最後の点は、今回このコースに参加して納得した。意識が完全に体から抜け出すという過程を伴う、本当の意味での体脱を行なわなくても、つまり意識はいまだ体のなかに残っていると思える状態でも、意識の一部あるいは大部分を別の状態に、あるいは場所に持っていくことが可能なのだ。これはバイ・ロケーションと呼ばれている現象で、意識が同時にふたつの場所、または状態をとることをいう。これにより、いわゆる体脱をしなくても、さまざまな驚異的な体験をすることができる。

わたしは、いままでこういったことが可能だとは考えていなかったが、今回このコースに参加して認識を新たにした。バイ・ロケーションは本物の体脱よりも簡単に行なえる。

前置きが長くなったが、実際の体験の説明に入りたい。

ヘミシンクを聞くセッションは各30分から45分で、午前2回、午後3回、夕食後1回。各セッションの前後に、全員でのミーティングがあり、体験内容をみなで共有する。もちろんなにも話したくない人は話す必要はない。ミーティングは通常、ベージュ色の柔らかな絨毯《じゅうたん》の敷かれた大広間で行なわれ、みんなあぐらをかいたり、座椅子に座ったり、クッションに横になったりと、かなりリラックスした雰囲気で行なわれた。

それぞれのセッションについて体験を書くのは冗長になるので、ここでは、特記すべきセッションと体験についてのみ、書くことにする。なお、記録は各セッション終了直後にとった。

ミーティングのあと、いよいよ1回目のヘミシンク・セッションになった。夜も遅いので終了後はそのまま寝てもよい。各自、自分のCHECユニットに入り、ヘッドフォンをつける。準備ができたら、壁にあるスイッチをオンにしてコントロール・ルームへ合図を送る。期待感でわくわくしている半面、時差ぼけと長旅の疲れ、睡眠不足で眠かった。

このセッションでは、レゾナント・チューニングの練習をした。これは一種の呼吸法の練習であると同時に、宇宙に充満する生命エネルギー（気のようなもの）を体に取り込んで、体と精神を浄化、充電するためのプロセスでもあるという。

具体的には、ヘッドフォンから聞こえてくる音声に合わせて、アーとかオーとか声を出す。

息を吸う際に、生命エネルギーを吸い込んで、全身にまわしているとイメージする。呼吸を止め、吐く際に体内の汚れたエネルギーを吐き出す。

5分間ほどこれをつづける。

その後しばらく無音。ただしバックグラウンドにはヘミシンクの音（かすかにザーと聞こえる音）が入っている。体が左右、上下にふらふら動く感覚がする。でこぼこ道を車で走っているときのような感じだ。こういった感覚は、よく体脱前に感じることがある。

2回目のレゾナント・チューニングが5分ほどある。次いで3回目。途中から眠くなって、声は出しているが、入眠時幻覚を見た。

フォーカス10

翌4月8日（日）、いよいよ第1日目がはじまった。カフェテリアでの朝食のあと、1階の大広間でミーティングがあり、セッションの説明があった。きょうは1日、フォーカス10を体験する日だという。トレーナーの説明によれば、フォーカス10は「体は眠っているが、意識は、はっきりしている状態」と定義される。

◇　◇　◇

きょうの1回目のセッションは、フォーカス10を初めて体験するセッションである。

まず音声ガイダンスに従い、体の各部を順にリラックスさせる。

気がつくと体がブランコのように息と同期して動いていた。意識ははっきり目覚めている。眠ることはない。下に一瞬落ちたような感じがした。ただまだ全身がリラックスしてふわふわするところまではいってない。

拙著『体外離脱体験』で述べたが、体外離脱する直前には意識と体がある特定の状態になる。これは言葉で表せば「意識は覚醒しているが、体は熟睡している」状態といえる。表現上はフォーカス10と同様の状態である。ただ体脱直前に体験する状態は、体の境界がどこにあるのか判然とせず、全身が波のようにゆらゆら揺れている。今回のセッションでは、体が眠ることはあったが、眠りが浅いためか、このような状態には至らなかった。

◇　◇　◇

次のセッションでは、まずRebal l（リーボール）をつくる練習をする。リーボールとは、体のまわりにつくるエネルギー・バリアをいう。レゾナント・チューニングで息を吐き出す際に、頭のてっぺんから噴水のようにエネルギーが流れ出て、体の外側を流れて足の裏側から体内に入るようにイメージする。こうして体のまわりにエネルギーのバリアをつくる。これをリーボールと呼ぶ。日本的に言えば、これは「結界」かもしれない。

実際やってみると、驚くことに体のまわりに膜ができた。透明で表面が部分的に紫色に光っている。大きなシャボン玉に覆われたような感じだ。膜が体を頭の上のほうから下へ降りてくるイメージが描ける。

次いでヘミシンクはフォーカス10へと導いてくれる。

いろいろな映像が見えてきた。

まずモンロー研の上空から下の森を見ている映像が見える。次いでどこかの街を上空から見ている。さらに団地と団地のあいだのようなところの道を進む映像が見える。体はまだベッドの上にしっかりと把握でき、体脱しているわけではない。

この日はその後3回ヘミシンク・セッションがあった。フォーカス10でさまざまなことを試みるセッションである。いずれの場合も体脱状態になることはなかった。また、体の境界が判然としないような状態に至ることもなかった。

ただおもしろいことに気がついた。鮮やかな映像が見えるのだ。まるでそこに行って見ているような感覚がある。額の前面にスクリーンが広がってそこに映像が映し出される。どうも意識の一部が別の状態へ移行してしまって、そこの景色を見ているようなのだ。体がしっかり把握できることから、意識の一部はいまだに体のなかに残っていることはたしかだ。

どれだけ意識がその別の状態へ移行しているかで、スクリーンの幅とかリアリティーが変わる。そちらの状態に意識の一部しか移行していない段階では、なにか映画を見ているような感じで、リアリティーは薄い。意識が移行するほど、スクリーンが広がり、そのなかにどっぷりつかった状態になり、体験のリアリティーが増すのだ。

各セッション後のミーティングでは、それぞれの体験について語り合った。

ロバート・モンローが体外離脱の権威であるためか、参加者の大半は体脱することを目的として、このプログラムに参加していたようだ。そのためか、体脱できなかったことにちょっとがっかりした人や、なにかヒントはないかと必死に模索している人が多かった。

イギリスから参加したマイケルは、いままでに何度も体脱を体験しているということで、フォーカス10は体脱前に達する状態とは異なっていると盛んに主張していた。体脱前には、全身にうねりのような振動が感じられるはずなのに、フォーカス10ではそのような状態にならないという。この点ではわたしも同意見だったが、ただ、わたしとしてはあまり体脱に固執する気はしなかった。目の前にスクリーンが広がって、そこにさまざまな映像が見え出すことがなにかすごく目新しく、もしかしたら、いままでに体験したことのない、変性意識状態を体験しているかもしれなかったからだ。

フォーカス12

翌4月9日（月）、きょうは1日フォーカス12を体験する。ミーティングでフォーカス12は意識の拡大した状態だという説明があった。この状態では、自身のスピリチュアル・ガイドや守護霊などと呼ばれる高次の霊的存在と交信したり、質問をするとそれに対する答えがさまざまな形で（イメージなど、言葉とは限らない）与えられたりするという。

◇　◇　◇

最初のセッションで初めてフォーカス12を体験した。ここではまずフォーカス10へ行き、その後へミシンク音で12へ導かれる。その後一度フォーカス10へもどり、再度12へ行く。そして10へもどってからC１（覚醒状態のこと）へ帰る。

１回目のフォーカス12。全身が熱くなった。このあともいつもそうだった。あまりの熱さに毛布を蹴とばした。鮮やかな映像が見える。球形のロケットのようなものが発射台にあり、それが打ち上げられた。それを見ていると、自分も下に落ちたり、上に上がったりと移動感がある。次にぬけるような濃い青い空が見える。視界が変わり木の茂った山を上空数千メートルぐらいから見下ろしている。映像、視界が驚くほど広い。１２０度から１８０度ぐらいか。どんどん移動していく。音声ガイダンスに従い、フォーカス10にもどる。映像は消え、闇になった。

２回目のフォーカス12。今度は木の茂った山と湖を、横から見ている映像が見える。ちょうど湖の水面上から見ているぐらいの視点だ。緑色の湖面をゆっくりと水平に移動していく。

どこの景色だろうか。見覚えのある風景ではない。

フォーカス10にもどると映像は消えた。しばらくしてまた山の映像が得られたが、視界が狭いことから、フォーカス12の映像のほうが視界が広かったことに気づいた。

この後、何回かのセッションでフォーカス12を体験したが、フォーカス12は頭がぬっと上に突き出るような感覚があり、視界が広がる。これが、意識が拡大した状態なのだろうか？

◇　◇　◇

セッション後のミーティングで、視界がパノラマになったと言った人がいたが、的確な表現だと思った。ただ、まだ体脱しようと必死になっている人が何人かいて、話をそっちに持っていってしまうのには閉口した。体脱以外にもさまざまな可能性があるのだ。

香水の香り

午後2回目のセッションで、おもしろい体験をした。このセッションではフォーカス12に達したらその後、自由にその状態を楽しむというものだった。

なにをしようか迷ったが、ともかく何でも入ってくる情報を、そのまま受け入れようと思った。しばらくそのままでいると、突然強烈な女性の香水の匂《にお》いがした。それはわずか1秒ほどのあいだだったが、キャサリンの香水だとすぐにわかった。彼女は香水の匂いをぷんぷんさせているので覚えていたのだ。

はじめはエアコンを通して彼女の香水がここまで来たのかと思ったが、それはあり得ない。あれだけ強烈な匂いが瞬時に消え去ることは物理的にあり得ないからだ。だとしたら彼女が体脱してここにやって来たのか。それをわたしは匂いで感じたのか。

◇　◇　◇

その日の晩、キャサリンと話す機会があった。ミーティングのあとで彼女に聞いてみた。

「さっきのセッション中におれの部屋に来た？」

彼女はちょっと困ったような顔をした。

「あんまり暇だったので、みんながなにをしているのか、（体脱して）一人ひとりの部屋をチェックしたのよ」

やっぱりそうだった。彼女は体脱して来ていたのだ。その場に居合わせた人たちの何人かも、彼女の姿をセッション中に見かけたと言った。あとでわかったことだが、彼女を見た（あるいは感じた）のは、わたしを含めて4人だった。

フォーカス12の状態では通常では見えないものが見え、聞こえない音が聞こえるという。わたしは彼女を嗅覚で感じたのだ。フォーカス12はこちらが考えている以上に、すごい状態だといえる。いわゆる超常的知覚が働くのだ。わたしはともすれば視覚で得られる情報に気を取られがちだが、それ以外の知覚すべてに、意識を向けておく必要がある。

リモート・ビューイング

その晩、デービッド・フランシス・ホールに全員集まり、ジョー・マクマネグルというリモート・ビューイングの権威の講義を受けた。リモート・ビューイング（遠隔視）とは、遠くの場所のようすや情報を、そこへ行かずに知り、それを絵に描くという超能力である。

彼は以前、陸軍でスターゲートという極秘のプログラムに参加していて、敵国の核施設とかを遠隔視していたという経歴の持ち主である。日本のテレビ番組にも数回登場したことがある。そこではＦＢＩ捜査官ということになっていたが、行方不明者を彼の特異能力を使って探し出すという内容だった。なぜか名前がマクモニーグルとなっていた。つづりから発音を推測したのだろうか。

彼の講義は興味深いものだった。２度の臨死体験が彼にこの能力を与えたという。リモート・ビューイングする前には精神を集中する必要があり、それに通常30分ぐらいかかるのだが、ヘミシンクを使うと、時間を大幅に短縮できたとのことだった。

遠隔視できるのはなにも遠い場所だけでなく、過去や未来のこともできる。この２００１年４月の段階で、彼は２００１年の終わりか遅くても２００２年の初めまでに、大きな戦争が中東のどこかで起こると予言した。参加者のひとりのキャサリンも同感だと言った。彼女もかなり予言ができるらしい。この段階ではまったく兆候がなかったので、みんなは「へー」と半信半疑であったが、その年の終わりに実際アフガニスタンで大規模な戦争が起こり、改めて彼の能力の高さに感心した。

ジョーは『The Ultimate Time Machine』という本のなかで、今後100年間に世界の各地で起こることについて予言している。出版されたのは、1998年である。このなかで2003年までにイラクで2回目の戦争が起こること、この戦いは湾岸戦争よりも大規模なものになると予言している。ただ当たってない予言も見られる。たとえば2001年から2002年に朝鮮半島で戦争が起こるという予言である。

フォーカス15

翌4月10日（火）、きょうは1日フォーカス15を体験する日である。フォーカス15は無時間の状態といわれる。時間に束縛されない状態である。これが一体どういう状態なのか、皆目見当がつかない。

セッション前のミーティングで、フォーカス15についての説明があった。

以前、モンロー研にアジアからふたりの高僧が来たことがあるという。ひとりは90歳ぐらいで、もうひとりの若いほうは60歳前後。黒いネクタイを締め、厳粛な態度でセッションに臨《のぞ》んだという。ところがフォーカス15のセッションを受けるや、ネクタイを乱し興奮して部屋から転がり出てきて曰《いわ》く、「You Americans have done it!（あなたたちアメリカ人は、ついに成しとげた！）」。彼らが何十年も厳しい修行をして、やっとたどりついた境地を、この数十分のセッションは、いとも簡単に達成させてしまったと驚いたのだ。フォーカス15は、仏教でいうところの「空」の境地に近いとも言われている。

きょう最初のセッションは、音声ガイダンスに従いフォーカス15へ行く。

15へ着いた。まったくなにも見えない。まったくの闇、暗黒である。フォーカス10や12ではは必ずなにかの映像が見えるのだが、ここは漆黒である。これほどの暗さは、ほかのセッション中にも体験したことがない。

しばらくそのままでいる。よく見ると真っ暗ななかに、大きな車輪みたいなものが、ゆっくりと左回りに回っている。ＵＦＯのような形だ。

次に、傾いた大きな宇宙ステーションのようなものが、右回りに回っているのが見える。ともに黒い色をしていて、ところどころ光っているので形がわかる。これらは一体何なのだろうか？

◇　◇　◇

セッション後のミーティングで、フォーカス15の印象について語り合った。まったくなにも見えなかったとか、暗黒だと言った人が多かった。なかには奥行きのある三次元的な闇と、とらえる人もいた。気が休まってすごくリラックスできる、という感想の人もいた。反対になにかすべてがカチッとその場に凍りついてしまって、身動きがとれないような感じがする、という印象の人もいた。わたしも、そういう窒息するような感覚を持っていた。

トレーナーによればセッション中にした体験は、必ずしもそのときに理解できるとは限らないとのことだった。何年もして別のセッション中に、わかったりすることがあるとのこと。わたしが見た宇宙ステーションのようなものの意味も、いずれ判明するときが来るのだろうか？

過去世記憶

次のセッション前の説明で、フォーカス15は無時間の状態であり、いつの時間ともつながっていると説明された。トレーナーは過去世に行けるとまでは言わなかったが、行けるのではないだろうか。ともかく試してみる価値はある。以前、追体験したことのあるポリネシアンのときの過去世に行ってみることにする。

拙著『体外離脱体験』に書いたが、過去世のひとつをほんの少し追体験したことがある。それは、十字軍時代にテンプル騎士団によってはじめられたと伝えられる「天空の神殿」という瞑想法を実践してみたときのことだ。この方法は、天空に大きな神殿があり、そこにこれまでに起こったすべての事象が記録されているので、瞑想状態に入ってそこまで行き、自分の過去世についての情報を見せてもらうというものである。あるとき、この方法を実践したところ、次の体験をした。

突然、南国の浜の波打ち際で泳いでいる自分に気がついた。夢のようで夢でない。まばゆいばかりの日の光が青い水を透《とお》って底の岩の上に波の縞模様をつくる。まるでイルカになったみたいに自由に泳ぎ回る。ふと見ると手、そして体は褐色をしている。ポリネシア系なのか。二十《はたち》にも満たない年齢だ。隣に少女が寄り添うように泳いでいた。彼女はおれのいいなずけだ（現在の家内でもある）。ふたりでじゃれあって泳ぐ。幸せだ。

次のセッションではこの過去世に行ってみることにする。

フォーカス15に到達すると、さっそくあの過去世に行こうと思う。ガイドに連れて行ってくれと頼む。ガイドとは、守護霊とかハイヤー・セルフと呼ばれる高次の意識存在である。各自に最低数人いるといわれている。モンローによれば、何人もいる過去世の自己のなかで、霊的に進歩した人たちということである。

わたしはこのとき、ガイドの存在を信じていたわけではなかった。

ところがちょっと太目の黒人女性（30〜40歳）が現われて、わたしの前を飛んでいくのだ。ガイドが黒人なのは驚きだった。彼女は向こう向きで、わたしは右斜め後ろから彼女を見ている。なにか羽が生えているようにも、なにかの機械に乗って飛んでいるようにも見える。

彼女はこちらを見て微笑《ほほえ》んでいる。

森の上を越え、トロピカル・ビーチに着いた。映像は非常にクリアーで驚くほど色鮮やかだ。褐色の肌の人が多数見える。上半身が裸で、腰にアシのようなものでつくったものをまとっている（ハワイアンがつけているもの）。なにかの儀式なのか、大勢人がいる。海のなかに入っている人もいる。みな同じ方向を見ている（こちらのちょっと右方向）。

次々に鮮やかな映像が見える。海辺に建つ茅葺《かやぶ》きの家がいくつも見える。とくに感情は伴わない。目の前にスクリーンが広がり、映画を見ているような感じだ。茶色の岩肌。青い海。自分は5歳ぐらいの子どもの感じがする。鮮やかな映像が見えるだけで、この過去世についてそれ以上の情報は得られない。

次に自分の結婚式のところに行くように頼む。別のイメージが現われたが、なんだかよくわからない。

次いで別の過去世に行くように頼む。大きく広がった緑の草原が見える。戦場のようだ。よくわからない物体がたくさん見える。人のようで、なにかの物のようでもある。

別の過去世に行くように頼む。暗いなか、大勢の人が次々に、こちらのちょっと右手に向かって歩いてくる。人の部分だけが明るい。女性、男性。姿、服装ははっきりしない。何十人も次から次に来る。これはみなわたしの過去世なのだろうか。セッションはあっという間に終わった。

この過去世は後々とても重要な意味を持ってくるのだが、この段階ではそれを知る由《よし》もなかった。フォーカス15は無時間の状態といわれるが、時間に束縛されない状態ともいえる。未来を予知したり、予知夢を見たりするのは、このフォーカス15に意識がある場合に可能ではないのだろうか。実はこのゲートウェイ・ヴォエッジから帰国したあとに、予知夢を見るという体験をした。

◇　◇　◇

5月7日の朝のことだ。夢のなか、人が線路わきにいる。もうひとりの人が、その人がそんなに死にたいなら（あるいはなにかしたいなら）と、走ってきた列車に引きずりこんだ。その人は両腕を切り落とされた。死んだかどうかはわからない。そのあとテープの早回しみたいな感覚があった。未来から現在にもどったのか、過去から現在に帰ったのかは、わからなかった。

その日の夜7時40分に、人身事故が近所の踏み切りであった。女性が特急電車に飛び込んで自殺したのだ。

なにかの本で読んだのだが、自殺の名所では、前に自殺した人の霊が浮かばれずに、そこにいつまでもいるという。その霊は自分が死んだことには気づかずに、死んでないと思い、自殺を迷っている人が近寄ると、それに憑依して何度も自殺を繰り返すという。わたしがふたりの人の姿を見たのはそのためだろうか。

生き霊

話をモンロー研でのゲートウェイにもどす。

その夜のことである。

これだけ毎日セッション詰めにあっていると、かなり霊感が研ぎ澄まされてきた、という感じがしていた。さらに夜には両側の壁に置かれたスピーカーから、デルタ波*に相当する音が聞こえてくる。デルタ波とは、深い眠りのときに発生する脳波である。

わたしは夢を見ていた。夢はレム睡眠中に見るものだが、眠りとしてはデルタ睡眠よりも浅いものである。

夢に美しい日本人女性が現われた。わたしは彼女が誘惑してくるのを感じた。あるいはこちらの感情に、彼女が反応したのかもしれない。いつものことであるが、夢のなかでは心の底にあるものが出てきやすい。理性的なものは希薄になる。ただ今回は、こういった存在は邪悪なものだという意識が働いていた。彼女はわたしの右手を引っ張りだした。わたしは無理矢理、目を覚ました。彼女は消え去り、わたしの右手の指先には痛みが残った。

＊脳波は周波数の低い順にデルタ波、シータ波、アルファ波、ベータ波と呼ばれる。

暗闇のなか、女性の顔をもう一度、思い出してみた。日本人だと思っていたが、顔のつくりはキャサリンだった。

次の日、ミーティングで体脱の話になった。誰かが発言した。

「参加した当初は体脱しようと必死だったけど、いまは体脱できなくても、いろいろすごい体験ができるんで満足している」

みなも同感だった。

と、キャサリンが不満気に言った。

「みんなが体脱したいって言ってたので、夜みんなの部屋に行って、腕を引っ張ってあげてたのに」

やっぱりそうだったんだ。わたしは、夢のことをみなの前で言おうか迷った。ちょっと、ふたりのあいだの秘めごとのようにも思えたからだ。

ミーティングのあとでキャサリンのところに行き、聞いた。

「昨日の晩、おれのところに来た？」

彼女は、下を向いたまま答えた。

「はい」

「おれの右腕を引っ張った？」

「はい」

彼女は、はにかんでいるように見えた。

拙著『体外離脱体験』で述べたが、夢のなかや、「体脱前段階」に、「得体の知れない存在」に遭遇することがある。これらの「存在」は、性的に魅惑的だったり、こちらを誘惑してきたり、暴力的であったりする。その肉感は本物との差がない。

　これらは意識と体が体脱前段階になると現われる。ルーシッド・ドリームのなかでも現われる。それらは何なのか。この物質世界と夢の世界、あるいは非物質界とのはざまを徘徊する哀れな存在なのか。浮かばれない霊なのか。昔の人が「もののけ」と呼んだもの、魑魅魍魎《ちみもうりょう》、あるいは生きている人の魂が、夜な夜な体から抜け出て、そこらを徘徊しているのか。つまり、俗にいうところの生き霊である。

　今回の体験は、少なくとも生き霊という存在があり得る、ということをわたしのなかで実証した。キャサリンの場合には、意図的に体脱していたのだから、生き霊というのは、あまりに生々しくて適切ではないと思うが。

　あとでキャサリンに聞いた話だが、彼女がやるのは純粋な体脱ではなく、バイ・ロケーションだという。つまり、意識の一部を体のなかに残したまま、一部を別のところへ持って行くのである。

　わたしにとってこの体験は、さらにふたつの点で重要な意味を持っていた。

　まずひとつ目は、バイ・ロケーションということが、可能であることを実証した点。実際、モンロー研でヘミシンクを聞いて、わたしが体験したのもこれであった。つまり意識は体のなかにありながら（つまり体の感触が十分残ったまま）目だけ別のところに行ってるような体験である。

ふたつ目は、これが別の人が意図的に体脱しているのを見た、わたしとしては初めての体験であるという点である。個人的に体脱体験の実証がさらにひとつ増えた。これは万人に提示できる、という意味での客観的な証拠とはならないまでも、自分自身にとっては確実な実証であった。

ガイドからのメッセージ

翌4月11日（水）、きょうは午前はフォーカス15、午後は21を体験する。

1回目のセッションはフォーカス12に行き、自分にとって重要なメッセージを5つ、重要度の低いほうから順にガイドに示してもらうというものだった。そもそもガイドの存在自体まだ半信半疑だったので、メッセージをもらえるとは期待していなかった。

ところが実際セッションがはじまると、それぞれ鮮やかなイメージが見えた。そのなかで2番目に重要なメッセージと最重要メッセージを紹介したい。

まず2番目は、洞穴のなかから外を見ている景色で、外の青い海と青い空が暗い洞穴内部と鮮やかなコントラストをつくっている。入り口に人がひとり立っている。そういうイメージだった。

最重要メッセージは、海岸にある大きく穴の開いたアーチ状の茶色の岩のイメージだった。そこを通して青い海が見える。岩がごつごつしている。イメージは鮮明でフルカラー（総天然色）であり、間違えようのないものだった。

ただこのときには、これらがなにを意味するのか、まったく不明だった。最重要メッセージについては、あとでライフライン・プログラム〔第五章を参照〕とX27・プログラム〔第七章を参照〕に参加して、重要な意味を持っていたことがわかった。また、2番目に重要なメッセージについては、1年半後の2004年9月にタイムラインに参加して、はじめて、その意味が理解できた〔著者追記：これについては『死後体験Ⅲ』に書かれている〕。

フォーカス21

午後のセッションの前に、フォーカス21についてトレーナーから説明があった。フォーカス21は時空の縁と呼ばれる。ほかのエネルギー・システムへの架け橋とも呼ばれる。深いデルタ睡眠の状態に相当する。ただし、意識は完全に覚醒している。ここは物質世界と非物質世界・死後の世界との境界であり、日本人的に言えば、三途の川のある場所である。ここよりも上のフォーカス・レベルにいる存在たちと会う場でもある。

午後2回目のセッションは、フォーカス21で自由行動をとるというものだった。

フォーカス21へ着いた。白い霧がかかったようなところにいる。1回目のセッションでもそうだったが、ここはあたり一面が霧で覆われているところだ。

ちょっとフォーカスをはずすと眠ってしまい、夢の世界に入ってしまう。

霧のなかにいろいろなものが見えた。巨大な、高さ100メートルはある、キリンみたいな形の構造物（コンクリート製？）が、ゆっくりと下を歩いている。それをずっと上空から見ている。なにかのクレーンのようにも見える。

次いで、巨大なアーチ状の橋が見える。なかが線路になっていて、ジェットコースターのコースのようにも見える。横には中華風のデコレーションがある。橋をどんどん登って行く。列車のようなものに乗っていると思うが、実際なにに乗っているのかは定かではない。単に前への移動感がある。途中から反対側へ降りていく。向こう側に行ったら、フォーカス21よりもずっと上に行ってしまうんじゃないかと思い、途中から引き返した。この橋が21とその上をつなぐ橋か。

セッション後のミーティングで、各自の体験を共有した。体験の詳細はまちまちだったが、白っぽい霧のかかったところだったと言う人や、橋を見たと言う人が何人かいた。バーのようなところで、酒のようなものを飲んだと言う人もいた。おもしろいのは、参加者の誰それを見かけたとか言う人が多かったことだ。ただ、互いの存在に気がついたケースはなかった。

実はわたしも参加者のエヴァとフィオナを見かけていた。エヴァは山を見下ろす展望台のような場所に立っていた。あたりは薄い霧に覆われていた。彼女たちは、わたしのことに気づいたわけではなかった。

3回目のセッションも自由行動だった。

フォーカス21へ着く。白い雲海の上に出た。ちょうどジェット機で高空を飛んでいるときの景色みたいだ。自分が乗っている乗り物が見え、その行く手に雲海と空の境界が青く見える。上空は暗い。ちょうど太陽が金色に輝きながら出てきたところだ。静かで安らかだ。

◇　◇　◇

フォーカス21は夢のなかのような場所だ。

全般に白っぽく、霧がかかったように見えることが多い。意識ははっきりしているが、なにかはるか彼方《かなた》に来ているような感覚がする。霧のなかに建物や山、草原などさまざまなものが見えるが、これらはわたしの心がつくりだしたものなのか、それともほかの人にも見える客観的存在なのか。そのあたりに関してはモンロー研の公式見解はないようだ。

セッションが終わっても、まだ意識の一部は21に残っているようで、ふわふわして気持ちが悪かった。

ガイドとの会話

翌4月12日（木）早朝、夢うつつのとき、CHECユニットにキャサリンが来た（もちろん体脱で）。匂いがする。たばこの匂い。本人か？　出ていったのを追いかけた。屋根の上にいる。その後、見失った。

しばらく起きていた。全身にエネルギーが感じられ、このまま体脱できそうな感じがした。スピーカーから流れてくる音（スーパー・スリープというCD）のエネルギーがすごい。そういえば、さっきは音が大きくなりCHECユニットの右足の奥が振動して、キャサリンが来たのだ。またキャサリンが来そうな感じがする。フォーカス12に行き、キャサリンはどこにいるのか、屋根の上をスキャンした。

その後、しばらくそのままの状態でいた。

自分のへその少し下のところから、上向きに白い煙が、螺旋《らせん》状に回転しながら立ちのぼっているのが見える。

この晩はエネルギーが強くて、ずっと起きていた。どこの段階だったか覚えていないが、ボルテックス（竜巻みたいな逆三角形の渦）が胸のあたりに降りて来て、ぐるぐる回りながら左から右へ移動した。

そしてガイドが話しかけてきた。

「やっとコミュニケートできるようになってうれしい」

「これって本当か？」

「いままでも存在を示そうとしたことがあった」

「600ドル儲かったときか」

以前レーク・タホ（アメリカ・カルフォルニア州とネバダ州の州境にある）でスキーをした際、夜ギャンブルで600ドル儲かったことがあった。スロットマシーンをやっていて、まったく儲からないので、「仏が存在するなら証拠を見せてくれ」なんて言ったら、突然どんどん出だしてマシーンの上のランプが光りだした。次にマシーンを代えてやったら、またランプがついた。

「そうだ」

「でもあのときは仏かと思った」

「仏？　ガイドと同じだと思う」

「違うはずだ」

「600ドルはガイドがやったことだ。コンタクトは夜が簡単だ。直接できる。いまみたいに。昼間はフォーカス12に行かないとだめだ。精神集中が必要。ガイドがフォーカス12まで降りてきて、あなたがフォーカス12まで上がってきて初めてコンタクトできる」（これはどっちかというと、言葉ではなくイメージで情報を得た）

「この会話は本物か？」

「そうだ！」

「確信が持てないが」

「腰の痛いところを治してほしいか？」

「もちろん！」

実は2001年の1月末に東京近辺で大雪が降った際、雪かきをがんばりすぎて、軽いギックリ腰になっていたのだ。

しばらくすると、上から2羽の白く輝く（背景は黒）小さな鳥のような形のものが降りてきて体内に入った。次々に2羽づつ入ってくる。5センチくらいの大きさだ。

「すぐに治してあげよう」

「本当か！　治れば確信が持てる」

「ちょっと時間がかかるかもしれない」

「なんだ、はじめからわからなかったのか？」

「入ってみないとわからない」

ユーモアを感じた。

「ところで第3の目が開いたか？」

「まだだ！」

「いつ開く？」

「You'll see.（そのうちに）」

「それ以外のチャクラも開くのか。全部開いてほしい」

「順番にゆっくりと。そのうち」

「もう起きて記録をとっていいか？」

「まだやることがある」

「何だ？」

「キャサリンを癒しに行こう」

「そんなことできるのか？」

「できる！　これは自分自身を癒すことにもなる。ついて来なさい」

フォーカス12に上がる。そのままキャサリンにズームインする。キャサリンは座禅のポーズで寝ている。わたしはキャサリンの上のほうに浮いている。ガイドの姿は見えないが、聞いてきた。

「どこが悪いと思う？」

「子どものときにセクシュアル・アビューズ（性的虐待）を受けている」

なぜかよくわからないが、わたしには直感的にそう思えた。

わたしはキャサリンに話しかけた。

「あなたは愛されているんだよ。あなたの言葉で言えば神に。自分を許しなさい。自分を愛しなさい……」

キャサリンは目を上げてこちらを見て言った。

「ありがとう」

「うまくできたじゃないか」

「本当かな。もう起きて記録をとっていいか？」

「OK!」

記録をとり終わり、CHECユニットにもどる。

「これでよく眠れるだろう」

いままでエネルギーが強すぎて眠れなかったのがうそのように、そのあとは朝まで熟睡した。

非物質界の友人たち

朝1回目のセッションは、フォーカス21で待っている非物質界の友人たちに会う、というセッションだった。ただ、わたしには非物質界の友人などいないし、一体なにを期待してセッションに臨めばいいのか、少し困惑した状態でセッションを受けた。あとから思えば、フォーカス21よりも上にいる高次の意識存在たち（たとえばガイドたち）と会う機会だったのだ。

まずリーボールをつくる。透明のバブルが体のまわりに見える。それは薄く7色の虹がついている。ちょうどシャボン玉みたいだ。次第に金色が主になる。そのほかの色もある（昨日までは主な部分は金ではなく無色透明だった）。

フォーカス12。自分の乗り物の先頭に、金色の光り輝く球が見える。スピンしている。これはガイドなのか？　静かにそこにいる。交信はない。

フォーカス15。真っ暗になる。この球はそこにそのままいる。黒いが、ところどころ光るものが見える。

フォーカス21。白い霧のなかにいる。次第に晴れ上がった。景色が一瞬見えるが、すぐになにも見えなくなる。

次に、いくつもいくつも大小さまざまなシャボン玉みたいな球が、体のまわりに現われた。その後は、なにも起こらない。ずっとそのまま待っていたが、とくに人には会わなかった。あとで聞いたのであるが、フォーカス21で遭遇する異生命体などの非物質の存在は、さまざまな見え方をするということだ。なにも、人の姿をしているとは限らないのだ。トレーナーのジョンの場合は、大きなゼリー状のもの、だったという。もしかしたら、あの泡みたいな球状のものが、友人たちだったんじゃないだろうか。金色の球がガイドのようなのだから、泡が友人たちでもおかしくない。セッション中に気がついて会話を試みればよかった。

夕方、デービッド・フランシス・ホールで終了式があった。モンロー研、現プレジデントのローリー・モンロー（ロバート・モンローの娘）から、ひとりずつ修了証書をもらった。アメリカ式は受け取るときに抱き合う。これには少し慣れが必要だ。なにせ胸が大きいので、こちらの体が変に触らないようにするのが大変なのだ。

最後に注意事項として、意識はいまだにふわふわしているはずなので、しっかり大地に根づかせる必要があるとのこと。これをグランディングという。そのためには歩いたり、大地に寝そべったりするのがいい。あるいは、ジャガイモとか根っこ系の食べ物を食べるのがいいとのことだ。

実際その後数日間は、何だか意識の一部が、どこか遠くへ行ってしまっているような感じだった。ふわふわしていて、なにを見ても、白く飛んでしまっているように感じられた。

まとめ

インパクトの大きい1週間だった。ガイドとの会話は、いまひとつ確信が持てなかったが、キャサリンがらみのふたつの体験は個人的に疑いようのない事実だった。人間の意識はわれわれが思っているより、はるかに大きな存在だということを実感した。また意識が拡大した状態で、さまざまな超常的体験ができることがわかった。

わたしはほかの参加者よりも、いろいろと映像が見えるほうだった。なかにはまったく見えなかった人もいる。また体脱することにばかり夢中で、もっとすばらしい体験ができる機会を失っているように見える人もいた。今回わかったことは、体脱をしなくても、人間の意識はその一部が、別の状態（フォーカス・レベル）に移行することが可能だということである。

今回のプログラムで学んだことをまとめてみた。

①一番の収穫は、モンロー研の主張は正しいということがわかったこと。つまりヘミシンクを用いると変性意識状態を体験でき、さまざまな超常的体験が可能だということである。さらに一度ヘミシンクで変性意識状態を体験すると、ヘミシンクを使ってない状態でも変性意識状態を

体験できるようになる（人間の意識は学習効果がある）ことがわかった。

②フォーカス10、12、15、21はいわゆる体外離脱しなくても体験できる。意識の一部はまだCHECユニット内の体のなかにありながら、意識の一部が別の場所、次元に行く。体の感覚は残っているし、体を動かすこともできる。意識としてはまだ体にしっかりつながっている。

③各フォーカス・レベルの感じが、だいぶつかめた。

●フォーカス10は体がリラックスし（完全に眠ってなくてもいい）、意識は明らかな状態。映像が見えることが多い。

●フォーカス12は意識が広がった感じ。視界が広がる。鮮やかな映像が見えることが多い。ガイドと交信可能。

●フォーカス15は真っ暗な場合が多い。映像が見えることもある。過去世の情報が得られる。

●フォーカス21は、白っぽくて霧のなかにいるような映像が見える。覚醒時の意識状態からはるか彼方に来た、という感じがする。夢のなかの感じに近いが、違う。ここよりも上のフォーカス・レベルにいる存在たちと会う場でもある。

第五章　過去世の自分の救出 ――ライフライン・プログラム

再びモンロー研へ

モンロー研によれば、ゲートウェイ・ヴォエッジでの体験を消化するのには、時間がかかるので、次のプログラムは最低でも半年は経ってから受講するのがよい、とのことだった。実際プログラム中に、あまりに多くのインパクトの強い体験をしていたので、それらを自分なりに噛み締めて消化するのには、半年ぐらいはかかりそうだった。

ただ、日が経つにつれ、そんなに待てなくなってきた。

早く死後の世界が知りたい。

その思いが日増しにつのっていった。そして2ヵ月後、6月16日から22日までのライフライン・プログラムに参加することにした。

2001年6月16日（土）、ワシントン行きの全日空2便は、たまたま田中真紀子外相（当時）と同じ便だったので、パスポートのコピーを搭乗前にとられた。

シャーロッツビルから集中豪雨と雷のなか、出迎えのバンで一路モンロー研へ向かう。

前回のゲートウェイ・ヴォエッジ・プログラムはナンシー・ペン・センターという牧場のどまんなかにある施設で行なわれたが、今回は広葉樹林に覆われた山の上にあるロバーツ・マウンテン・リトリーツで行なわれた。ここはモンローが生前、住居としていたところを、セミナー用に改修したところである。緩やかな北向きの傾斜地に建てられているため、表からは地上1階、裏からは2階建て構造になっている。

聞こえるのは木の葉が風に揺れる音か、鳥のさえずりぐらいで、いるだけで心が洗われ広がっていく気がした。下界の諸々《もろもろ》の世間事から隔離された、異次元空間に迷い込んだという印象を、到着と同時に持った。

プログラムのトレーナーはジョンとペニー。ジョンは前回のゲートウェイでのトレーナーでもあった。知らない人たちばかりのなかに、ちょっとばかり知る人を見つけ、ほっとした。

6泊6日のこのプログラムの目的は、次のふたつである。

- フォーカス22から27の意識状態を体験し、それらに慣れ親しむ。
- フォーカス23に囚《とら》われている人たちを救出し、フォーカス27まで連れて行く。

各フォーカス・レベルの詳細と救出活動については、あとで説明されるとのことだった。個人

生前モンローが住んでいた建物。セミナー用に改修されロバーツ・マウンテン・リトリーツと呼ばれている。

的には、いわゆる死後の世界（死者の意識状態）を体験できることに主眼があった。

今回の参加者は17名（女性6名）。アメリカ以外からの参加者は、わたしとメキシコ人女性ひとりのみだった。ゲートウェイ・ヴォエッジ・プログラム卒業生を対象としているため、今回でモンロー研のプログラム参加が3度目以上という人が多く、その道のプロみたいな人が多かった。なかでもマーギーという30代半《なか》ばの女性は、今回で7度目という。みなからマスター・マーギーと呼ばれていた。チャクラがいくつも開いているという。

こんなことがあった。

2日目の夕食後、マーギーと会話をしていると、彼女は突然会話をさえぎった。なにかが話しかけてきたので、ちょっと中断したいと言う。目をつぶり3秒ほど意識を集中しているようす

ふたりで共用する部屋の内部。右の暗幕の奥にＣＨＥＣユニットと呼ばれるベッド１個分の小部屋がある。

リラックスできるミーティング・ルーム。トレーナーのフランシーン・キングとジョー・ギャレンバーガー。

だった。目を開けると、おもむろに言った。

「マス（著者のこと）のガイドがコンタクトしてきたの」

ガイドとは、守護霊とか、ガーディアン、ハイヤー・セルフ（高次の自我）など、いろいろな呼ばれ方をする非物質の存在である。各自に最低ひとりやふたりはいて、その人の霊的成長を助ける役割を果たしているといわれる。マーギーはわたしを階段のほうへ連れて行くと、こう言った。

「あんまりみんながそばにいると、いやでしょうから、ここで伝えるわ」

わたしのガイドからのメッセージを、歌で表現したいと言う。それは1分ほどの即興の歌だった。要約すると、こうなる。

「あなたはいままで、ガイドからのメッセージを本当かどうか、いまひとつ信じていなかったけど、本当です。今週、そしてこの後の一生のあいだに、いろいろすばらしいことが待ち受けています」

実は、ゲートウェイ・ヴォエッジ・プログラムの際に体験した、ガイドとの会話が本物かどうか、ちょっと疑っていたのだ。

ゲートウェイ・プログラムの際には、会話だけでなく、実際にガイドに会う体験もした。ただ、これも確信が持てていなかった。4月12日の朝のセッションで、自分の乗った乗り物の前方2メートルぐらいのところに、金色の光り輝く透明の球体があり、スピンしていた。それは直径が1メートルほどで、静かにそこにいるという感じだった。コミュニケーションはなかった。

これらの体験が本当だというのだ。

さて、ライフラインに参加した目的のひとつは、死後の意識状態に相当する23から27までのフォーカス・レベルを体験することにある。1日目と2日目の大部分は、10から21までのレベルを再度体験することに費やされた。そのなかでフォーカス15で新たな過去世体験をした。

新たな過去世体験

6月17日（日）の3回目のセッションは、フォーカス15を体験するセッションだった。ゲートウェイ・ヴォエッジのときに、過去世のひとつ（南洋島での人生）に行ったので、今回もトライした。

ガイドに過去世のひとつに行きたいと言う。

光の球みたいのが出てきた。ただイメージが手のイメージと重なってしまった。かまわずにお願いすると、映像が見える。音はない。海に木片みたいのがたくさん浮いている。そんなのがいくつか見える（このときは気がつかなかったが、ゲートウェイで見た最重要メッセージの第3番目のイメージと似ている）。意味がよくわからないので、ガイドに過去世のなかで一番いまの人生に影響を与えている世《せい》に行きたいと言う。

すると、弓矢がたくさん空を飛び交っている戦場が見えた。広い野原に、馬に乗った戦士

（現代ではなく）が大勢、弓を射ている。モンゴリアンという印象を受けた。音なしの映画を見ている感じだ。

フォーカス12にもどれという音声ガイダンスに従い、いったんもどる。次いで、またフォーカス15に来る。同じ質問をしたところ、アメリカ先住民（インディアン）の酋長みたいな羽かざり（羽かどうかは不明）の人物像が見える。さっきのはアメリカ先住民の戦いだったのだろうか？　そうとは思えない。さっきの騎乗の戦士たちの服装は違った。

次いで、矢がどんどんこちらへ飛んでくる。馬に乗っている自分は逃げて行く。が、さらに途切れることなく矢が飛んでくる。どこでだったかいまでは覚えてないが、木で覆われた川のなかに、腰までつかって出られなくなった。矢に射られてここで死んだのだろうか。

前回のゲートウェイでの過去世体験でもそうだったが、音なしの映像が見えるだけで、それ以上の情報は一切わからない。場所、時代については映像から推測するしかない。ガイドがそういった情報を与えてくれれば助かるのだが、そういうことはなかった。

フォーカス23

夕食後、いよいよ初めてフォーカス23用のセッションになった。その前にフォーカス23について、トレーナーから説明があった。このときの説明とブルース・モーエン等*の著作に出てくる記述を基にすると、フォーカス23はこうである。

この意識状態にいる魂は何らかの形で、いまだに地球の物質世界とのつながりが切れないでいる。自分が死んだことが、わかっていない場合が多い。生きている人と会話をしようと試みつづけたり、あるいは自分の住んでいた家にいつづけたりする。俗にいう幽霊は、ここの住人である。

また、自分の思いが生み出した世界に、閉じ込められている人もいる。

たとえば戦場で友軍を探して、戦車で果てしなく走りつづける人の例が、モーエンの本に出てくる。自分が爆死したことに気づかず、同乗していたはずの戦友たちがいなくなっていることもさして気にせず、炎天下の砂漠を果てしなく戦車で走りつづけている。彼にとって時間の感覚はない。彼の思いが砂漠の戦車をつくり出しているのだ。そうとも知らず、彼は終わりのない夢のなかにいつまでもいつづけるのである。

１００年以上前に、船が爆発して溺れ死んだ、パトリックというスコットランド人の話が、ロザリンド・A・マックナイトの本[**]に紹介されている。マックナイトは、モンローの初期における共同研究者・被験者である。ここでマックナイトはチャネラー（媒体）としての役を

＊モンロー研での自らの体験を4冊の著作に著している。巻末の参考文献を参照されたい。

＊＊『宇宙への体外離脱』（太陽出版）

とり、パトリックの声を伝えている。パトリックは自分が死んだことを知らず、凍りつくような北の海の波間を、木片にしがみついて浮遊していた。助けが来るのをずっと待ちつづけて。彼にとって船が爆発したのは、昨日のことのようにも、はるか昔のことのようにも思えた。パトリックの思いが海と木片をつくりだして、いつまでもその世界に囚われていたのだ。

このエピソードはパトリック事件という名で、モンロー研の関係者内では有名である。ゲートウェイ・プログラムに参加すると、水曜日の晩に、マックナイトがパトリックをチャネルするのを録音したテープをみなで聴く機会がある。

そのほか、自分の思いがつくり出す世界に閉じ込められている人の例は、モンローやモーエンの本に数限りなく登場する。数例を挙げると、自分が死んだことに気づかず、病院のベッドの上で死が来るのをいつまでも待ちつづけている人、キリスト教の教えの最後の審判のラッパが鳴るのを待ちつづける人、戦争での槍の傷にいつまでも苦しんでいる人など……。仏教で教えるところの「孤《こ》地獄」と呼ばれる世界と近い。

◇　◇　◇

ミーティングのあと、フォーカス23用のテープ・セッションがはじまった。期待に胸を膨らませCHECユニットに潜り込んだ。

これで死の恐怖から解放されるとまではいかなくても、少なくとも、その糸口にはなるはずだ。ただ、はたしてなにか見えるのだろうか？　いろいろな思いが去来した。

ブルース・モーエンの本によれば、彼にははじめ、なにも見えなかったという。なにか見えるのか心配だったが、カラフルな映像が次から次へと出てきた。あんまりたくさん見えるので、これは本物かどうか心配になったくらいだ。

まずフォーカス22。暗い森のなか、うっすらと霧のかかったなかを、たくさんの人が向こう向きに黙々と歩いている。

フォーカス23に移動するにつれ、あたりは暗くなるが、まだ大勢の人が歩いているのが見える。いくつもの映像のあと、南北戦争の南軍兵のような兵士が、数百人並んでこちらを見ているのが見える。

次いで、10年ほど前に亡くなった知人のSさんのところに、行けたら行きたいとガイドにお願いする（フォーカス23にいるような気がした。なにか問題があるのなら行かなくていい）。移動がある(数本の線が見える)。10秒ほどして、暗い平原に無数の石が立っているのが見えた。いろいろなサイズ、高さだ。よく見ると、それぞれは人のような形をしている。石化した人間か？　悲しみがあたりを覆っている。この状態に閉じ込められてしまったのだろうか。

セッション後、しばらくのあいだ感激していた。子どものときからの長年の謎がついに解き明かされた、そういう感じだった。死後はどうなるのか、物心がついたころから不安と恐怖と好奇心を持っていた。いつのころからか、死後は無になると思うようになっていた。無になるから怖いのだと思った。

それが10数年前に体外離脱体験を持ち、肉体からはなれた自己の存在を知り、死後の自己の存続を知った。それでも死の恐怖は変わらなかった。

死後存続する自己はどこへ行くのか、この疑問はかえって強まった。いま、その一部がわかったのだ。さらに今週もっと解明されていく。何だかうれしくてたまらなかった。

このあとのセッションで、何度もフォーカス23に行った。その印象をまとめると、フォーカス23で見える映像は21と異なる。

21は全般的に白っぽく霧がかかったような感じなのに対し、フォーカス23は暗いなかに局所的に明るい部分がある。その明るいなかに入ると、ひとつの世界がある。そこはあるひとりの人の思いが生み出した世界なのだ。ふっと一瞬眠ったような状態になって気がつくと、誰かと会話をしていたり、誰かの世界のなかに引きずり込まれている、というケースが多い。

フォーカス23は全般的に暗い霧のなかに、白っぽく人やものが見えることもある。

フォーカス24〜26

翌6月18日（月）、2番目のセッションはフォーカス25の入門セッションである。その前にフォーカス24〜26の説明があった。このときの説明と、モーエンの記述等によると、これらのフォーカス・レベルはこうである。

フォーカス24〜26は全体として信念体系領域と呼ばれる。この世界はいくつもの世界に細分化されている。それぞれには、ある特定の共通の信念や価値観を持つ人々が集まっている。あらゆる時代、地域の人たちがここにいる。

たとえば、キリスト教のなかの、ひとつの宗派を信じる人たちの思いがつくった世界。彼らはそこが天国だと信じて疑わない（疑った人は抜け落ちてしまう）。キリスト教のさまざまな宗派に応じた「疑似天国」がいくつもある。

死後の世界に一般的にいえることは、自分の思いが「具象化・物質化」するということだ。ひとりの思いは弱く、つくり出されたものはすぐに雲散霧消するが、大勢の人が共通の強固な信念を持つと、それによりつくり出される「もの・世界」は強固で、そこに住んでいる人たちにとっては、現実世界である。

人をだましたり、人が最も大切にしている物を盗むことで、相手を傷つけることに生きがいを見出す人たちが集まり住んで、永遠に傷つけあっている世界もある。

強姦しあう世界、アルコール中毒者が集まっているアル中地獄など、ここにはありとあらゆる信念に基づいた世界があるという。ある意味で地獄的な世界である。同じ信念が生み出す世界でも、26から24へ行くほど程度が激しくなる。

◇　◇　◇

ミーティングでの説明のあと、いよいよフォーカス24〜26へ行くセッションになった。

音声ガイダンスに従い、まず23へ行く。次いで光の点を探すように指示される。それが次第に大きくなり、そのなかを通って24、25へ行くように指示される。

光の点は途中ではっきりしなくなったが、なにか一部が開いたようになったので、そこから25へ出た。煉瓦《れんが》づくりの洋風の建物が横に並んでいるのが見える。内部へ入る。壁、廊下の天井から下がっている装飾品など、ここはほとんどが金色だ。ところどころ緑と赤がある。通路の奥へ行くと、そこは祭壇のようになっていて、なにかの儀式が行なわれている。人が大勢いる。金色っぽい服を着ていたと思う。人が一列になってこちらへ歩いてくる。その後、さらにいろいろな映像を見た。ここで見たのは、ある種の宗教集団の共通の信念がつくり出した擬似天国なのか。

その後2回のセッションで25をさらに探索した。おもしろかったのは2回目のセッションで、いろいろな映像を見たあと、最後にフォーカス25をはなれるときのことだ。ちょうど飛行機が地面をはなれていくように、その場をはなれ、その場はどんどん小さくなると同時に、さらに広いまわりのようすが見えてきて、自分の乗っているものはどんどん遠ざかっていった。

フォーカス27

翌6月19日（火）、きょうはフォーカス27を探索する。例によってトレーナーからフォーカス27について説明があった。そのときの説明とモーエンによると、フォーカス27はこうである。

まずここは、霊的に極めて進化した人たちの想念により、創り出された世界である。人はここに来てはじめて、次の生へ転生することができる。フォーカス27にはさまざまな機能があり、それぞれの機能に応じた場（センターと呼ばれる）がある。

［レセプション・センター］

死者を暖かく受け入れる場。死のショックを軽減するよう、この世の環境が再現されている。モンローがまるで地上の「公園」のようだと言った場所はここの一部である。多種多様な人々に対応したさまざまな環境が用意されている。ヘルパーと呼ばれる人たちが、死んでここまでやって来た人の親や祖母、友人、牧師、僧侶などに変装して死者を暖かく迎え入れ、死者が死のショックから早く立ち直れるようにする。

［癒し・再生センター］

リハビリ・センターとも呼ばれる。ケガや病気が原因で死亡した人たちは、ヘルパーの手助けでフォーカス27までやって来ても、いまだに地上の病院にいると錯覚している場合がある。ケガや病気は死と共になくなっているのだが、心の思いがいまだにそれらをつくりだしている。それらを徐々に除いていく必要があり、それを提供するのがここである。また、心的なダメージ（エネルギー体へのダメージ）なども癒される。

［教育／トレーニング・センター］

すべての人間の過去世データが蓄えられている場があり、データを取り出し追体験できる。また必要に応じて新しいアイデアが生み出される（発明がなされる）場もある。そのアイデアには誰でもアクセス可能。似たような発明が、世界中でほぼ同じころになされるのは、このためである。宇宙のほかの生命系に行って、そこを観察することもできる。

［計画センター］

次の人生について、カウンセラーと協議し概要を計画する場。カウンセラーといっしょに過去世データを見て、いままでどのように進歩してきたか、どこがさらに改善が必要か、見極める。次の人生にはどのような選択肢があるか教わり（あまり選択肢のない人も多い）、生まれる環境を選択する。重要な出会いなどはあらかじめ設定されるが、人生の詳細は決まっていない。

またこのセンターでは、すべての人間の願いや意思を実現すべく、これから起こるすべての事象のタイミングを、常にアレンジしている。これを担当する知的存在たちは、その意識のなかに、担当領域内のすべての人間の思いや行動を把握すると同時に、すべての事象をも把握する能力を持つ。

［次の生を受けるまで待つ場所］

人間に生まれるまで順番を待つ人の列は長い。順番を管理する知的存在はＥＤ（エントリー・ディレクター）と呼ばれる。人は全員生まれる前に、一切の記憶にアクセスできないようにする場所を通過しなければならない。そこを通過する際に、拡大していた意識は物質界のみに集中するように圧縮される。なかには意識が広がったままで、人間に生まれる場合がある。そういう人は過去世の記憶を持っていたり、ほかの人の考えがわかったり、いわゆる霊感が働いたりする。この記憶にアクセスできなくする場所を通過後、各自の、生まれるとき、生まれる場所へ向けて飛び去っていく。親子や夫婦として生まれる人たち、何らかのつながりのある人たちは、意識の細い糸で互いにつながっている。

［フォーカス27を維持運営する、複数の知的存在］

各センターには大勢の知的存在が働いている。彼らはヘルパーと呼ばれる。ブルース・モーエンは彼らをConsciousness Workers（ＣＷ、意識労働者）と呼ぶ。あまりふさわしい名前とは思えない。彼らのなかにはフォーカス23、24～26に囚われている人たちを27まで連れてくる、という任務を負っている存在たちもいる。ヘルパーたちはフォーカス27で働くことで、よりいっそうの霊的成長をとげ、「卒業生（グラジュエート）」になることを目的としている。卒業生は「光の存在（Being of Light）」とも呼ばれる。

フォーカス27全体を維持運営するのは、そういった知的存在のなかでも、霊的に極めて進歩した少数の存在たちである（コーディネーティング・インテリジェンス、ＣＩと呼ばれる）。彼らの意識は、銀河系内あるいは外の別の生命系を維持運営する知的存在たちとつながっていて、常に情報の交換を行なっている。また地球生命系の卒業生を、ほかの生命系へ、教師や外交官として派遣したりする。

初めてフォーカス27へ

きょう最初のセッションで、フォーカス27を初めて体験する。フォーカス27へ音声ガイダンスに従って行く。

川と森、建物が見えてきた。なにか日本の温泉街にある旅館の入り口のようなところに来た。なかに入ると、部屋の端を青い水が小川のように流れている。竹でできた調度品が目につく。

アーチ状になった海岸の岩。

建物の左手はオープンになっていて、イスと机がある。さらに下の谷を見下ろせる。下は川の一部が温泉になっているようで、５人ほどつかっている。何だか本当に温泉みたいだ。ここは日本人を受け入れるためにつくられた、温泉旅館風レセプション・センターなのだろうか。

外に出る。だんだんトロピカルな風景に変わり、ハワイのような海岸に来た。深い緑の森が海岸線まで迫っている。海岸は岩だらけだ。黒茶色の岩。右のほうに行くと、アーチ状の岩が青い海を背景に見える。ちょっと待て。これってゲートウェイのときに見たのと同じじゃないか。

前回のゲートウェイ・プログラムの際、あるセッションで、「自分への５つの最重要メッセージはなにか？」と尋ねる機会があった。そのときに得た最重要メッセージが、いま見ているアーチ状の岩だったのだ。真っ青な海を背景に黒茶色のアーチ状の岩が見えた。まったく同一の映像をいま見て、驚いた。一体これには何の意味があるのか。どうして最重要メッセージなのか。この段階では皆目、見当がつかなかった。

救出活動

昼食のあと、1回目のレトリーバル（救出）・セッションになった。このセッションではフォーカス23にいる人たちを救出し、27まで連れてくることを学ぶ。

フォーカス23に囚われている人たちを27まで連れて行くのをレトリーバル（救出活動）という。生きているわれわれが体脱などでフォーカス23へ行った場合、そこの住人はわれわれの姿を見ることができる。その理由は、われわれはいまだに物質界とのつながりがあるのと、23の住人は物質界のことしか把握できないからである。彼らは高次の存在であるヘルパーの姿を見ることができないが、われわれのことは見ることができる。

これを利用すれば効率よく救出活動が行なえる。つまり、われわれ生きている人間とヘルパーやガイドが組みになるのだ。ヘルパーらは23に囚われた人たちの居場所がわかるので、われわれをそこまで連れて行く。そしてわれわれがその人たちに声をかけ、27までいっしょに連れて行く。27まで行けば、そこにはヘルパーたちがその人の親族などに変装して待っているので、あとはうまくいくのだ。27のレセプション・センターにはさまざまな環境が用意されていて、到着した人たちが、恐れたり違和感を抱いたりしないようになっている。

うまく救出活動などできるのだろうか。不安を覚えながらセッションに臨んだ。

フォーカス27に着いた。

海のなかにいた。薄緑色のトロピカルな感じの海だ。石でできた防波堤みたいな壁が左にある。右手にも石壁がある。すると、どういうわけかその垂直の壁のあいだに、はまってしまい、身動きが取れなくなった。水深はわずか1メートルほどなのだが、動けない。ここから出られない。半ばパニック状態になった。

音声ガイダンスがフォーカス23へ行けと指示する。どうにか海から脱出したらしく、23に行く。青色とかカラフルな色のなかにいる。上下がよくわからない。はじめはどこにいるのか把握できなかったが、海岸にある格子状のコンクリのようなものを、上から見ていることがわかった。青緑色の水がコンクリのあいだを埋めている。人は誰も見えない。音声ガイダンスが、救出する人を決めるように指示する。

「誰かいませんか！」

心のなかで大声で叫ぶが、返事がない。もう一度呼ぶ。返事なし。音声ガイダンスが、その人を連れて帰るように指示する。誰も見当たらないので、そのまま27へ帰った。

セッション後のミーティングで、ほとんどの人がレトリーバルができたと言っていたので、フラストレーションがたまった。

その後、マーギーとちょっと話す機会があった。事情を説明すると、マーギーのコメントは、わたしが過去世でポリネシア人だったときに、溺れ死んだんじゃないかというものだった。

翌6月20日（水）、1回目のセッションは2度目のレトリーバル・セッションだった。

27へ行く途中で23へ行く。真っ暗ななかに、小さな四角い光の塊《かたまり》（雲海）がいくつか見える。そのひとつには列車が走っているのが見える。どうもそれぞれの光の塊は、一人ひとりの思いがつくりだした世界のようだ。

27へ着いた。次いで救出活動をするために23へ。またしても海の映像。青い海。桟橋みたいなものが左側にあり、向こうへ伸びている。右側は海。昨日は上から呼んでうまくいかなかったので、今回は海のなかへ入ることにした。青緑色の海水。光のパターンがゆらゆらと揺れる。10～20メートルほど潜り、底に近づく。コンクリのような塊があたりに散乱している。

「誰かいる？」

何回も呼ぶが返事がない。魚が、グロテスクな口を大きく開いて、泳いでいる。水平に移動し、ものをいくつかどける。

「誰かいる？」

「ここだよ！」

誰かの声が聞こえた（感じた）。

「どこ？」

必死になって塊をどける。心を開いてどういう人なのか探るが、よく把握できない。手が見えた。両手が残骸のあいだから上に突き出ているのが見える。まわりを必死にかき分けるが、だめだ。音の感じから27にもどらないといけない。だんだんここにいるのがむずかしくなってきた。

「すぐに帰ってくるから」

海の水の色が、濃い青から明るい青緑に変わった。すると、突然、視界が変わった。青い水のなかにいて上を見上げている。上のほうに白い開口部があり、そこから光が入ってくる。ここから出ようとするが出られない。まるで、自分がいま助け出そうとしていた人になったかのようだ。

幽霊の救出

次のセッションはバイブ・フローと呼ばれるセッションである。セッション前の解説を聞いても目的はよくわからなかった。

何としても、さっきの人を救出しなければと思い、27へ、そして23へ行った。またしても海が見えてきた。ただ水の色が若干異《じゃっかん》なり薄緑色だ。海に入る。海水は白っぽい緑。色が変わって青になった。石の壁が見える。底まで潜る。10メートルほどか。気がつくと左手のほうに船がいく艘も並んでいる。どれも幽霊船みたいだ。いつの間にか水はない。船のひとつに近づく。

「誰かいますか？」

船首のほうからなかへ入ろうとする。直径1メートルほどの、中空の木の筒のなかへ入って行くような映像になる。前方に人の気配を感じる。イメージが定まらないが、誰かいるのはわかる。非常に恐い。もう帰ろうかと思う。幽霊みたいな感じがする。

「あの、誰かいますか？」

「幽霊ですか？」

すると、声がして、おれは幽霊だと言う。とっさに、先ほどのミーティングのことを思い出した。マーギーが幽霊に会って救出したと話していた。そのとき彼女が使ったテクニックを借用することにした。

「幽霊なんかしているの、もう飽きたでしょう。もっといい仕事がしたくないですか？」

「そうだな。昔は幽霊船を走らせて、ほかの船の連中を怖がらせたもんだが、このところはそれもやってない。ぜんぜん人に会うこともなくなった」

「もっとおもしろいところへ行きましょうよ」

「そうだな。そんなことができるのか？」

わたしは手を差し伸べた。幽霊が手をつかんだかどうかははっきりしなかったが、27へ行こうとガイドに合図した。どんどん上へ上がって行く。本当について来ているか心配だったが、目の前に常に形の変わる多面体状の存在がいた。馬に乗った人みたいになったり、箒《ほうき》に乗った魔女みたいになったりと、なにかよくわからないものが存在していた。次第に空が夜空になり、星が美しく輝き出した。

「おもしろい！」

男は飛行を楽しんでいるようすだった。名前を聞いてみた。シュナイダーだと言う。ファーストネームも言ったが忘れた（ピーターだったか？）。心を開くと男から次の情報が入ってきた。

オランダ人の海賊。１７９７年。これがどういう意味か不明。真っ暗ななかにふたりの顔が浮かぶ。ひとつは母。もうひとつは姉か娘。この家族となにかがうまくいかなくて海賊になる。乗っていた船の映像（４本ぐらい帆のある、けっこう立派な船で、船体は黒い）。船がしけで転覆し、沈没。自分が死んだことはわかっている。

しばらくすると、下前方にポート（発着場）が見えてきた。全体に赤っぽい色。スター・ウォーズのエピソード5に出てくる、クラウド・シティーの宇宙船発着場を彷彿とさせる形をしている。前に突き出た場所がある。そこに向かっていく。出迎えに5、6人が来ている。ふたりは背が低い。海賊はいつのまにかポートに降りていて、左のほうにいたひとりと抱き合っている。海賊は全身を覆う大きな毛布みたいなガウンをまとっていて、頭には棒がたくさん突き出た帽子をかぶっている。迎えに来た人たちは17、18世紀のヨーロッパ風の服装をしている印象がある（よく把握できない）。海賊はほかの人たちと話しながら、奥のほうへと歩いていき、なかに入っていった。

◇　◇　◇

このセッションでの体験はまったく予期していなかった内容だった。幽霊船も、オランダ人の海賊も、その家族の女性たちも、考えてもいなかったことだった。フォーカス27の出迎えのポートにしろ、そこで待っていた連中にしろ、わたしはまったく想像すらしていなかった。予想だにしていなかった展開になったことで、わたしは体験の信憑性を確信した。

癒し・再生センター

翌6月21日（木）、朝イチのセッションではフォーカス27でヒーリング・リジェネレーション・センター（癒し・再生センター）を探索した。このセンターでは死で得た精神的、肉体的（肉体はもうないが、それでも影響を引きずっている）ショックを癒すという。個人的には救出活動をしたかったが、指示に従うことにする。

27へ着いた。ガイドにヒーリング・センターへ連れて行ってくれるように頼む。

トロピカルリゾート地にあるホテル内の、カフェテリアのようなところにいる。カウンターがあり、皿に食べ物が盛ってある。外に出る。パイナップルみたいな木が、たくさん生えた広い草原。人が立っていたり、話し合っていたりするのが見える。

音声ガイダンスがヒーリングを体験せよと言う。どうなるのかと待っていると、10秒ほどして、気がつくと台車に縛りつけられて移動している。前後にひとりずつ看護婦がいて、いっしょに廊下をダッシュしている。実際のところ看護婦も台車も水銀でできているようなぬるぬるした形をしている。直感的な印象として看護婦や台車と把握されるというのが表現として適切だ。だいぶ走ってから部屋に入る。止まる。4、5人が足元からこちらを覗き込んでいる。彼らの形は不定形でぐにゃぐにゃしている。ひとりがなにかの道具を持って、こちらに身を乗り出してきた。なにかを心臓の少し下、胃のあたりに挿入。挿入感はない。いろいろなにかしている。それはメタリックのロボットに変わった。さらにターミネーターみたいな骸骨《がいこつ》ロボットに変わる。なにかのヒーリングだったと思うが、よくわからなかった。

セッション後のミーティングでおもしろい体験をした。輪になって座り、全員でレゾナント・チューニングをする。3名ずつ、まんなかに座り、まわりに座っているわれわれからのエネルギーを受ける。

自分の番になった。座禅のポーズで座る。すると白くて細かい粒子の流れが中央に向かって上のほうから下へ、下から上へと流れているのが見えるのだ。トーラス状だ。棒磁石のまわりにできる磁力線と同じ形をしている。ほかの人たちの番のときには、われわれのまわりに大勢の人が立っているのが額の目でうっすらと見える（あとでマーギーに話したら、各自のガイドたちが後ろに立っているんじゃないかとのことだった）。

また、部屋がギリシャかローマ風に変わる（柱が円柱になる。中央部のふくらんだいわゆるエンタシス形をしている）。部屋の形も若干変わって、開口部が大きくなる。丸く人が座っていて、床は大理石っぽい。外は水で囲まれている。その向こうは一面の緑。過去世で、地中海沿岸地域のどこかで、こういうふうに座禅をしていたのだろうか。

過去世の自分は救出できるか？

次のセッションは救出活動の最終回だった。ここで救出できなかったら大変だ。何としても救出しなければ。

27に着く。海岸と青い海。ガイドに23へいっしょに来るようにお願いする。途中25で、16世紀ごろの帆船が2艘、青い海を横切っているのが見える。

23に着く。青い海。茶色の岩がごろごろある海岸だ。最重要メッセージで見た、例のアーチ状の岩が見えてきた。やっぱりここと関係あったのか。海のなかに入る。どんどん潜っていく。なかなか底に着かない。海底に着く。

「どこにいますか？」

返事なし。移動しながら聞く。返事なし。ブルース・モーエンがモンロー研での体験記を4冊の本に著しているが、そのなかでSee it not there Techniqueという手法を紹介している。それは「それはそこにはないと見る」手法とでも訳せばいい。岩とかコンクリの塊とかに閉じ込められた人を救出するときに、手で一生懸命、塊をどけようとしてもだめで、その代わりに塊がそこにはないと見る。すると塊は消え失せてしまうのである。今回このことを思い出したので、See it not there Techniqueを使ってみた。

効果はよくわからなかったが、目の前に空隙《くうげき》が広がったようでもあった。どんどん前へ進む。誰もいない。真っ暗になる。

「ガイドさん、どうしてなんだ」

「Open up, Mas（心を開いてごらん）」

額の目を開く。青い海の底にいる。水がゆらゆら揺れている。目の前にぬめぬめ、ゆらゆらしたなにかがいるのに気がついた。透明で、海の水自体が動いているように見えるが、そのなかになにかがいる。プレデターという映画に出てきた、宇宙人みたいな見え方をする。何となくひかえめにちょっと期待しながら目の前にいる。名前を聞くが返事がない。そのまいっしょに上へ上がっていく。

水から出た瞬間、眩《まぶ》しいばかりの南国の海と砂浜を背景に、15歳ぐらいの褐色の男の子が水面からぬっと出てきた。ポリネシアンか、黒人か。粘土色のぬめっとした髪が肩のちょっと上、

海から出た瞬間に、褐色のポリネシアン風の男の子が出てきた。

耳の下ぐらいまで下がっている。二重瞼《ふたえまぶた》をちょっと伏し目がちにしている。ほんの2秒ほど見ただけだったが、彼の顔はいまでもはっきりと思い出すことができる。

イメージは次の瞬間に、ぬるぬるした把握のできないものに変わってしまった。

いっしょにさらに上へ昇って行く。姿がひょろ長い、メタリックな巨大なヘビに変わった。全長は10メートルはあるか。胴のまわりは20センチ程度。左手にいていっしょに昇っていく。情報を得ようとするがまったく得られない。この人たちの信仰では、死んだらヘビになると思っているのだろうか。

しばらくして27に着いた。ポートが見えてきた。真っ赤な絨毯が敷かれているのか、着地する場所は色鮮やかな赤。まんなかの部分が前に張り出している。奥には金色の

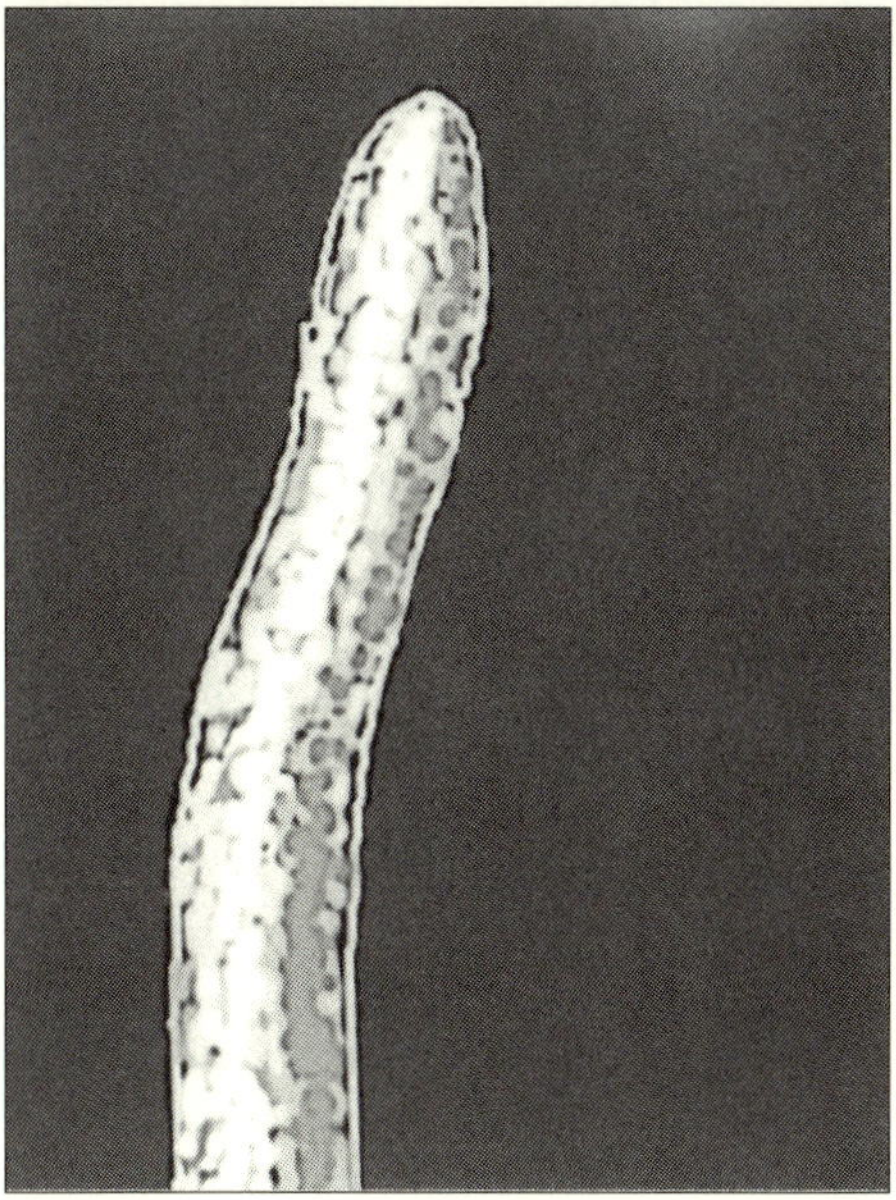

上昇するメタリックな巨大なヘビ?

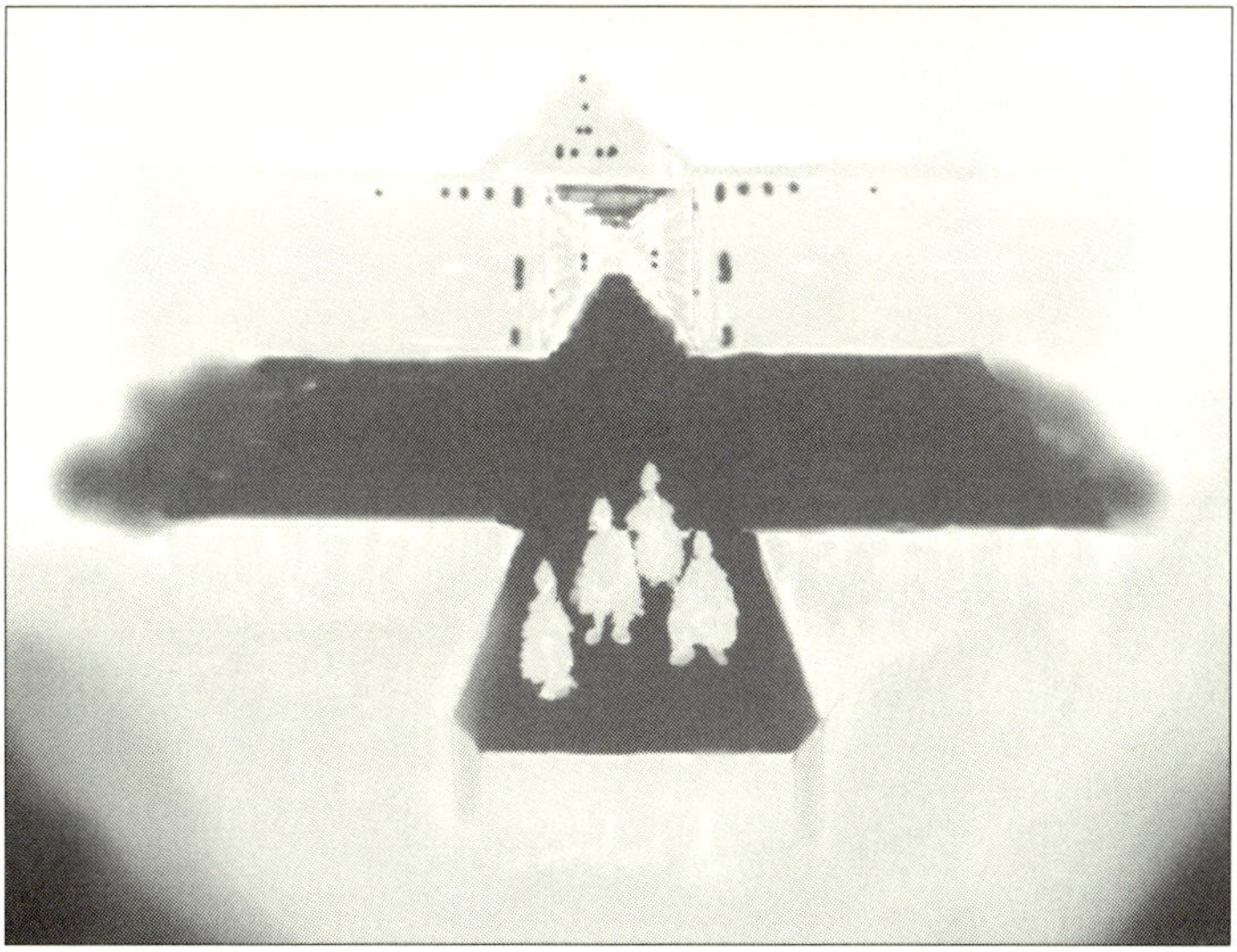

真っ赤な絨毯が敷かれたポート。金色に輝く建物が奥に見える。金色の衣装の人たちが迎えに来ていた。

デコレーションの建物が見える。金色の衣装をまとった太った人が4、5人迎えに来た。この人たちは頭のてっぺんから足の先まで金ピカである。いつの間にか、いっしょにいたはずの人は、出迎えの連中のなかに混ざっていて区別がつかない。ただ、向こう向きの人がこちら向きのひとりに軽くお辞儀をしている。みんなそろって奥のほうへ歩いていき、なかに入った。ともかく最終回でこの子を救出でき、ほっとした。これが自分の最重要課題であったわけだから。

◇　◇　◇

今回のモンロー研での体験と以前のふたつの過去世体験から、次のことがこの過去世について明らかになった。

わたしは南洋の島に住んでいた。そこは青い海に囲まれ、黒茶色の岩の海岸がある。いまの家内とは、いいなずけの関係だった。15歳ほどになったとき、わたしは海岸のすぐ沖で（アーチ状の岩のある付近で）石の瓦礫の下敷きになって溺れ死んだ。

さらに次のことが自宅でのヘミシンク・セッション中に明らかになった。ヘミシンクを聞きながら、ちょっとウトウトしたときに、女性の声が語ってくれたのだ。

この島には古いしきたりを守る部族と、守らない新しく入ってきた部族とがいた。ふたつの部族間にはなにかと対立、いがみ合いがあった。融和を図るため、両方の族長あるいは、その親族のなかから1組の男女の子どもが選ばれ、婚約した。それがわたしと家内である。ところが、古い部族のなかの融和に反対する者たちが、わたしを殺害した。その後、両部族は戦《いくさ》になった。

◇　◇　◇

過去世の自分をいまの自分が救出するというのは、論理的に考えて次の2点で矛盾しているようにも思える。①過去世と今生というふたつの自分が、同時にほぼ同じ場所に存在するという点。②救出された過去世の自分の未来が現在の自分のはずで、過去世の自分がフォーカス23に閉じ込められていたのなら、現在の自分は過去世の自分が救出されて初めて存在できるのではないのか、という2点である。

しかし、あとで述べるように自己の意識というのは同時にいくつにも分離して存在できる。バイ・ロケーション（ふたつの場所に同時に存在すること）やマルチ・ロケーション（いくつかの場所に同時に存在すること）と言われるものである。23に閉じ込められた過去世の自己といまの自己は、分離して存在していたと考えれば、論理的に説明可能だ。

ライフラインでの収穫

今回もまた衝撃的な1週間だった。ヘミシンクを使えば死後の世界（フォーカス23〜27）を体験できるという、モンロー研の主張はまたしても正しかった。さまざまな世界が見えるだけでなく、そこにいる人たちと交信することが可能なのだ。

参加前はなにも見えないのではないか、という不安があったが、それは杞憂だった。百聞は一見に如かず。見るという体験は説得力がある。疑いを晴らす力が強い。死後の世界の実在は今回の体験でかなり確信した。これで子どものときからの謎である、人間死んだらどうなるのか？という問いに対する答えが、明らかになった。他人の体験談を聞いて理解したのではない。自分自身の直接体験でわかったのだ。

わたしは何だかすごくうれしかった。と同時に肩の荷が下りたような、ほっとした気持ちだった。長年の謎が解消したのと、これで死の恐怖を解決する糸口が見出されたからだ。フォーカス23や24～26に囚われずに、27まで行かれるようになればいいのだ。

今回ライフライン・プログラムに参加した収穫は、これだけではない。過去世の自分の存在やガイドたちの存在について、さらなる確信を得た。

ただ、すべての体験は、自分のイマジネーションの産物ではないのか？という疑念は完全になくなったわけではなかった。可能性は低いが、そういうこともあり得る、と心のどこかがまだ思う。

ガイドとの会話や過去世の映像を見るという、ひとつひとつの体験の積み重ねが、自分の持つ疑念を少しずつ払拭していくのに役立つと思う。今後さらに多くの体験を積み重ねていく必要があるだろう。

第六章　老婆の救出

アーチ状の岩

この南洋の島を特定するのは可能だろうか。アーチ状の岩がある島は見つかるだろうか。もし見つかれば、わたしの体験に対する少しばかりの証拠となる。さらにその島の歴史に、わたしの過去世情報に一致するような過去があれば、証拠はさらに増える。ただ一般的に南洋の島の歴史の記録は、ほとんど残っていないので、これは望み薄ではある。

帰国すると、すぐに調べてみることにした。その前に、得られている情報をまとめてみた。列挙すると、

- アーチ状の黒茶色の岩が海岸にある（またはあった）。
- 海岸は同色の岩で覆われている。

●住人は褐色の肌を持ち、ポリネシア風の顔立ちをしているが、髪は直毛または軽いウエーブ。黒人のように縮れていない。
●上半身裸で腰に蓑《みの》をまとっている。
●家は茅葺きで、海岸のそばの水上に並んでいる。
●アーチ状の岩は断崖の前にある。断崖の上はテラス状になっていて、見晴らしがいいので、いまでは観光客が大勢来る。

関連する可能性のある情報として、家内の体験を挙げる。彼女は高校のとき、家族とハワイに行ったことがあった。カウアイ島の「シダの洞窟」に行ったときのことだ。ここは昔は王族しか立ち入りを許されない聖地で、集会や結婚式に使われた場所である。そのとき彼女は、以前ここに来たことがあるという強い既知感を覚えた。自分が昔、王家の一族でここに来たことがある、となぜか思えたという。

彼女のこの記憶は過去世の記憶なのか。そうだとして、それはわたしといっしょだったときのものなのか。もしそうなら、いま特定しようとしている島は、ハワイのカウアイ島だということになる。カウアイ島の海岸にアーチ状の岩はあるのか。カウアイ島とその住人は、右に挙げた情報と一致するのだろうか。

わたしはまず自宅のそばの図書館で調べてみた。ハワイやタヒチ、ポリネシアの写真集や本をかたっぱしから見てみた。残念ながらアーチ状の岩の写真は見つからなかった。さらに書店に行く機会があるたびに、写真集や観光ガイドブックを調べた。またインターネットでツアーのサイト、個人の旅行記など徹底的に調べたが、いまのところアーチ状の岩は見つかっていない。

この岩が観光スポットでなければ、岩が存在したとしても誰も写真に撮らない可能性は高い。またそもそも何百年、もしかしたら千年以上前の過去世にあった岩が、いまもあると考えるのは間違っているかもしれない。風化作用で崩れてしまった可能性は大きい。

いずれにせよ、機会があればハワイに行って現地調査をしてみたいと思っている。またこの過去世について、ガイドからもっと情報を得ようと思う。

ただガイドは、わたしの霊的進歩に必要な情報はくれるが、関係ない情報はあまりくれないようなところがある。

救出活動

ライフライン終了時に、1本のテープが参加者全員に渡された。それは自宅練習用のテープで、それを使えばフォーカス27まで行かれる。帰国後、機会あるごとにこのテープを使って救出活動などを試みたが、モンロー研でのようにはうまくいかなかった。どうも自宅だと、いろいろな雑音やらストレスによって、心が広がっていない感じがする。

同様の話がブルース・モーエンの本にも出てくる。彼も初めは同じ問題に遭遇したという。ただ、何度もモンロー研を訪問するうちに、自宅でも、ヘミシンクなしでも、自在にいろいろなフォーカス・レベルに行かれるようになったとのことだ。

そんななか、自宅でも救出活動がうまくできたことがあった。また過去世のひとつを見ることができた。それぞれ日誌から載せる。

2001年8月21日（火）

午後3時ごろよりテープ（ライフラインでもらったもの）を聞く。

フォーカス23、久しぶりによく見える。緑の草原、ゴルフ場のようなところにいる。ゴルファーのイメージがパッパッと見えるが安定しない。

フォーカス25に移る。はじめ暗黒。次いでなにか高い構造物のようなものが見える。

フォーカス27に移る。緑の牧場のようなところ。その奥に針葉樹（緑が濃い）の森が見える。牧草がくっきりと見える。これだけはっきり、くっきり見えるのは久しぶり。ガイドに、そばにいるなら、いっしょに救出活動に行こうと言う。

映像が変わって、床の色が青緑色の部屋にいる。よく把握できないでいると、また変わって、ベッドのある部屋にいる。右手のほうは窓が開いているのか、オープンな感じ。ヨーロッパの（東欧か）都会の古いアパート。2階か3階。老婆が部屋にいる。ベッドの上？　顔がよく見える。日本人っぽい顔に変わる。ここでなにをしているのか？　と聞く。「誰も来なくなった、寂しい」と言った。いっしょに来るかと聞く。よく覚えていないが、空は飛べないとか言っていたが、気がつくと窓の外にいて、いっしょに街の上空を飛んでいた。

外はいつの間にか夜になっていて、夜景がきれいだった。老婆はいっしょにいるようだったが、その存在はなにか別の姿に変わっていて、よく把握できなかった。このまま飛んで行く。この女性についてなにか情報が得られないかと、注意を向けるがなにも得られない。27に向かっていくが、いっしょにいるのかどうか把握できなくなる。そのうちに27が見えてくるはずだが。意図的になにもイメージしないようにしようと思う。

気がつくと、大きな部屋のなかにいる。派手な真っ赤やピンクの絨毯が、敷かれている。金ピカの飾りつけ。天井が高い。右手の壁に背を向けて、何人もの人が立っていて、大勢の人を出迎えている。わたしもその出迎えの人たちと同じところに並んでいて、人がぞろぞろ左側を歩いている。しばらくこういう状況のなかにいる。だんだんと映像が薄らいできた。

その後C1へ帰還。

2001年9月19日（水）

午前10時40分ごろから、ライフラインでもらったテープを聞く。モーエンの本から、教育センターが、アカシック・レコード（すべての過去世記録）のある場所（資料館）とよく似ていることに気がついたので、フォーカス27の教育センターに行ってみることにする。

フォーカス27に着く。教育センターに行きたいとガイドに頼む。

円形の筒状の部屋（直径10メートルぐらい？）のなかにいて、上のほうから下を見下ろしている感じ。黒っぽい壁に縦方向にいくつも線があり、赤や金色の飾りのようなものが見える。自分の前世のひとつの記録を見たいと、そこにいるかもしれない係りの人に聞く。壁の前にいる。壁一面、本のようなものでぎっしり埋まっている。背表紙は暗い青で、上や下の端が赤や金色になっている。これがさっき見えたものだ。ひとつを取り出して、見る場所へ移動する。そこは暗いが、まんなかに球形のような（はっきり把握できない）ものがあり、金色のボタンみたいなものがついている。本を置く。しばらくして、目の前にスクリーンみたいなものが現われ、そこに映像が映し出された。

緑の草原と森が見える。馬に乗った武者がふたり、こちらに走ってくる。次いで、立っている武者が矢を右手方向に射る。大勢の武者が戦ってるのを見たかもしれない（よく覚えていない）。映像はいまいち不鮮明で、どこの民族かはっきりしない。けっこう厚着だ。黒っぽい（黒ではない、青緑っぽい？）服。アメリカ先住民ではなく、中央アジアの騎馬民族という印象を受けた。

次いで、テント（右半分は開いている）のようなもののなかで、大勢が食事をとっている。イスに座っているようだ。中央のテーブルを丸く囲って座っている。着ている服は、それぞれまちまちだ。

その後、草原にたくさんの人がいるのが見える。戦闘をしているのかはっきりしない。

音声ガイダンスがフォーカス21へもどれと言う。そのままもどるが、映像はまだつづいていたので、ありがとうと言って意図的に切った。

第七章　過去世体験——X27・プログラム

同時多発テロ直後の渡米

死後の世界での体験についての疑念を払拭するには、体験を増やしていくしか手段はない。そう思い、2001年9月29日から10月5日まで、エクスプロレーション27（略称X27）・プログラムに参加した。これはフォーカス27とその機能について探索するためのプログラムである。

アメリカにおける同時多発テロ発生から2週間ほどしか経っていないときで、不安をかかえての出発になった。行きの全日空便は2割程度の搭乗率、ワシントン・ダレス空港もいつもの半分程度しか人がいなかった。機銃を携帯した軍人ばかりがやけに目についた。

今回もロバーツ・マウンテン・リトリーツでの開催であった。テロの影響で、参加者は13名と定員より若干少なめだった。外国人はわたし以外、フランス語圏のカナダからのふたりのみ。

ニューヨークから来たエリックとわたし以外は、すべて車での参加だった。フロリダやカナダからの参加者は、途中泊して来たということだった。ちなみにエリックはマンハッタンの高層マンションに住んでいて、爆破のあった世界貿易センタービルが自室の窓からよく見える（見えた）と言う。

到着初日の夕方にキャビンで自己紹介したのにつづいて、X27の目的の説明がペニーとキャレンのふたりのトレーナーにより行なわれた。たまたまペニーは前回のトレーナーと同じだった。キャレンは40歳前後の、名前のとおり可憐な女性である。

このプログラムの目的は次のように要約できる。

- フォーカス27を探索し、そこに慣れ親しむ。
- 27における癒し、再生、教育、計画といった種々の機能に慣れ親しむ。
- フォーカス27を維持運営している知的存在たち（CIと呼ばれる）と会い、親しくなる。
- フォーカス34・35を探索する。

ライフラインのところで書いたが、フォーカス27にはさまざまな機能があり、それぞれを担当するセンターがある。さらに、全体を維持運営している、霊的に極めて優れた複数の知的存在がいる。今回は各種センターを訪れ、それぞれを担当する知的存在に会い、センターについての情報を得るのと、フォーカス27の全体を把握し運営している存在に会うのが目的である。

フォーカス34・35はフォーカス27のさらに上のレベルで、そこにはほかの宇宙生命系から非物質の生命体たちが、集まってきているという。

このプログラムでは、モンロー研にある水晶が、大きな役割を演じる。モンロー研を初めて訪れたときに、高さ2メートルはある巨大な肌色の六方柱状の結晶が、草原のまんなかに立っているのを見て、ちょっと驚いた。モンローの本のどこを読んでも水晶のことなど書かれていなかったし、わたし自身、そういったものに対して、強い疑いの念を抱いていたからである。モンロー研もついにオカルトになったかと疑ったくらいだ。

モンロー研にある巨大水晶。

実際のところモンロー自身、水晶の効果に興味を持っていたようで、彼のつくったピラミッド形の研究棟には、15センチほどの水晶が天井から吊り下げられていた。ブルース・モーエンの本には、モンローといっしょにモンロー研の巨大水晶のまわりで、エネルギーを充電するという描写が、いたるところに出てくる。

水晶について語る前に、非物質的なエネルギーとその流れについて、解説する必要がある。というのも、水晶はその増幅器、あるいは発振器だからである。宇宙は非物質の生命エネルギーの流れで充満している。

中国ではこの流れを「気」と呼び、インド・ヨガでは「プラナ」と呼ぶ。棒磁石がつくりだす磁力線と同じような形のエネルギーの流れを、人間も体のまわりにつくっている。

水晶はこの生命エネルギーの流れを増幅する、あるいは流れと共鳴して発振する機能がある。さらにエネルギーを蓄えることもできるという。

モンロー研ではナンシー・ペン・センターとロバーツ・マウンテン・リトリーツのそれぞれに2メートルほどの水晶があり、草原に立っている。今回はミーティング・ルームのまんなかに小さな水晶が置かれた。

モンロー研によれば、フォーカス27にもモンロー研*があり、そこにも水晶が置かれているという。

初日にフォーカス10から27までおさらいしたあと、2日目、10月1日（月）の第1回目のセッションは、フォーカス27にあるモンロー研の水晶に行くことからはじまった。全員でひとつの大きな部屋に寝転んで、フォーカス27用のヘミシンクを聞いた。

27に着いた。モンロー研を探す。山の斜面が草原になっているところにいる。洋館が見えるのでなかに入る。奥のほうに行くと、水晶のようなものがぼーっと見える。突然、部屋が

＊フォーカス27にあるモンロー研はThe Monroe Institute (TMI) There（向こうのモンロー研）と呼ばれる。

消え去り、無色透明の水晶が青空に浮いていた。高さは1～2メートル。上下の先端が尖った結晶で、垂直に立っている。

次いで背景が変わり、木々の生い茂った斜面を見下ろすデッキ（展望台）に水晶が立っている。色は肌色で茶色の模様がある。突然、中央が太陽のように輝き出した。いくつもの太陽が黄金色に輝いている。眩しいが、優しさがあり、とても心地よい。色は次いで虹色になり、青になり、また黄金色になった。すごい輝きだ。

まわりに何人か人がいる。誰がいるかと聞くと、右隣にいるエリックが左手をこちらへ指し伸ばした（肉体の腕ではない）。みんなで水晶のまわりをぐるぐる回った。

セッションのあとのミーティングでエリックが水晶まで行けたと言っていた。まわりに人がいたが誰だか把握できなかったと言う。わたしは自分の体験を話した。

レセプション・センター

次のセッションは直前のセッションと同じで、フォーカス27のモンロー研へ行くことからはじまる。ただし今回は各自のＣＨＥＣユニットでセッションに臨んだ。

モンロー研を探すがなかなか見つからない。次いで音声ガイダンスに従い、レセプション・センターへ行く。レセプション・センターとは死者を受け入れる場所である。死んだ人の死後観や期待に応じてさまざまな場所が用意されているという。

しばらく移動後、気がつくと垣根のようなものの手前にいて、その向こう側を見ている。左斜め方向から20度ぐらいの角度で黒っぽい乗り物が次々と降りてくる。それぞれに人が2、3人ずつ乗っている。乗り物は骨組みだけでできているように見え、空飛ぶ馬車といったイメージ。

右手の奥のほうに着陸している。受け入れるところを見るようにと、音声ガイダンスの指示があったが見えない。すると、いつの間にか自分が乗り物に乗って、前方へ降りていく。スキーのリフトで降りていくときのような感じだ。着陸するところに大勢の人が待っている。いつの間にか降りていた。ちょうど集合写真を撮るときに使うような、階段状の腰掛けに人が何人も座っていて、みな左前方から降りてくる人たちを凝視している。降りてくる人たちを見ようとするが、うまくそちらを向けなかった。

◇　◇　◇

これはレセプション・センターで、死者を受け入れる場所のひとつを見た体験である。人はなにかの乗り物に乗らないと、飛べないと思うのか、フォーカス27へ来るときに飛行機に乗ったり、馬車のようなものに乗ってくる場合が多いようだ。

計画センター

夕食後のセッションは、フォーカス27にいるエントリー・ディレクター（通称ED、エド）に会って、自分が生まれる前に交わした約束事などについて聞くことを目的とする。エントリー・ディレクターとは、計画センターにおいて、人間に生まれる人の通関業務に携わっている知的存在であるという。

27へ着くとまずモンロー研へ行く。現実のモンロー研のミーティング・ルームと同じピンク色の部屋に来た。真っ赤な絨毯が敷かれたまんなかに水晶がある（現実にも小さな水晶が置かれている）。

次いで指示に従い計画センターへ行く。長さ1メートルほどの金属の棒が目の前に現われた。それは垂直に立ってスピンしている。てっぺんが、ごつごつしたような形をしている。

「あなたがEDですか？」

「そうだ！」

と、棒が答えた。とてもEDには見えないが、本当なのか。相手はわたしの心を読めるはずだから、あまり笑ったりしたらまずい、という思いが心をよぎった。

わたしは名前を言って挨拶した。生まれる前の準備が行なわれるようすを見せてもらうよう、音声ガイダンスが指示する。ちょっと移動。ピンク色の壁の前、机とイスが並んでいて、間仕切りで区切られている印象を受ける。そこで面談が行なわれているようだ。はっきり人が見えるわけではない。

音声ガイダンスが聞こえる。指示は「自分の過去世をよく知っている人と会うように」というものだった。すると、メタリックな存在が現われる。メタリックという表現を使ったが、金属のようなぬめっとした光り方をする存在で、水銀のようなぬるぬるしたものである。それが歩いて行くので横をいっしょに移動する。

「忙しそうなところすみません」

次の音声ガイダンスが、なかなか来ないのでいらいらする。指示は「生まれる前のディスカッションや、そのときわたしがとった反応を再体験するように」というものだった。

しばらく待つと、目の前の存在とそのまわりのものが、だんだん視界からはなれて行く。まわりは暗くなり、存在などは光りの塊になって、遠ざかって行った。

「おーい、だめだよ。まだ、回答をもらってないんだから」

突然、前方に長方形のトンネルの入り口が見え出した。それは横長でなかが暗く、ベルトコンベヤーのような道が、どんどんなかへ入って行く。その上にいろいろなものが載っている。どうやら自分の人生を、逆もどりしているようだ。とくに映像や感情が伴っているのではない。

最後に生まれる前のところに来たのか、映像が切り変わり、今度は暗いなか、上に上がっていくものが見える（自分が下に降りていったのかもしれない）。それは青っぽい色をしていて、下の部分が光り輝いている。まるで最新のスペシャル・エフェクト（特殊効果）を駆使した映画を見ているように色鮮やかな映像だ。すると、今度は、金属色の青っぽい機械のようなもののなかへ、突き進んでいく。前回、生まれる前にここを通ったときに、それまでの記憶をすべて失ってしまったのだ。なぜか、そうわかった。

いざなかへ入ろうとしたそのとき、音声ガイダンスが帰還するよう指示してきた。これから情報が得られるのに。すぐさまヘッドフォンをはずしてつづけるが、うまくいかなかった。セッション終了後、トレーナーのペニーに話すと、このつづきが体験できるように、寝る前にガイドにお願いしておくと、眠っているあいだにできる可能性があるとのことだった。

過去世記憶

翌10月2日（火）、深夜1時ごろに目が覚めた。まだつづきが体験できていなかったことに気がついた。すると、夢のつづきのようなスクリーンが見え、そこに男が現われて話しはじめた。

「おまえは前世で、イギリスの南西部の端に住んでいた」

トイレに行きたくなったので、ちょっと待ってもらい、帰ってからまた目を閉じると、男はつづけた。

「おまえは今生に生まれる前に、ふたつの可能性のどちらかを選択するように言われた。ひとつは金持ちだが、あんまりオプションがなく、おもしろくない人生。もうひとつは金持ちではないが、いろいろな可能性に富み、いろいろやってみることができる。おまえは後者を選んだ」

いつの間にか眠った。4時半ごろ目が覚める。再体験という形で生まれる前の過程を経験したいんだがと考えている。すると、目の前に通路が現われる。幅も高さも3メートルぐらいで、ちょっと暗い。病院の廊下のような感じだ。（以下の体験は、夢という状態の体験ではない、ルーシッド・ドリームでもない。もっと日常、起きているときの感覚での体験）

生まれる前、この通路を通ってくるときに、それ以前のことを全部忘れたのだ。前へ移動し通路を通過する。出たところは病院の待合室というか、アスレチック・クラブのホールというか、人が何人もいて、下駄箱みたいなものが見える。そのまま女性のような存在のあとをついて行く（女性がいつ現われたのかは、はっきりしない）。

廊下を歩いて行く。両側にドアがいくつもあり、それぞれの奥は部屋になっている。どこもいっぱいなのか、彼女はいま来た廊下を逆もどりし、別の廊下へ。ひとつの大きな部屋に出る。大勢の人がいる。

いつのまにか外にいる。大勢の人が列をなしてこちらを向き、左手にあるドーム状の建物のまわりに並んでいる。ガイドにどこに行くのか聞く。

すると、ある部屋のなかにいる。机がいくつもあり、3人ぐらいずつ座っている。わたしも気がつくと座っている。右にひとり、向かいにひとりいる。右はガイドのような存在。向かいはカウンセラーで、今回の人生についてわたしが議論する相手だ。次の印象を得た。

石造りの大きな家（イメージが見える）。前回の人生ではここで働いていた。この家の家長の娘と恋に落ち結婚しようとしたが、家長に許されず、家から追い出された。その後の人生についての情報は、得られなかった。

「今回の人生でこの女性と結婚したいがいいか？」

「いいだろう」

「家長に復讐したいが？」

「それよりも精神的成長が重要で、人を愛することを覚えなさい」

このあたりで会話が止まった。ガイドに、どうしてすんなり体験できないのか？　と不満を言う。

「自分で相手（カウンセラー）の心を読んで、受け取らないといけない」

「どうしてほかの人の場合みたいに、情報がすんなりと入ってこないのか。これもトレーニングの一部か？」

「そうだ」

ちょっとがっかりするが、必死につづきを読みとる。このあたりから相手のイメージ、まわりの映像がシフトしていったが、かまわずつづける。

「この人生はいろいろな可能性を秘めている。スピリチュアルな成長を選ぶ道、エンジニアの道、可能性は大きい」

「ここで起きて、これまでの経緯を書きとめていいか？」

すぐに起きて記録した。その状態でつづきを読みとる。

「いままでのわたしの人生をどう評価するか？」

「うまく選択してきている」

もう一度ベッドにもどり、つづきを聞くことにした。

「Where were we？（なにを話していたんだっけ？）（会話は英語と日本語のごちゃまぜ）そうそう、もう少し前世についてくわしく体験したい」

目を閉じる。緑色の場所にいる。暗い。木がいくつも並んで立っている。果樹園という印象だ。リンゴか。17、18歳の男（わたし）が箒で掃いているのが見える。

次に大きな建物が見える。石造りの壁。中世ヨーロッパの城壁のように見える。わたしはこのなかで働く人というより、まわりに住んでいて、リンゴなどをつくっている人という印象だ。まるでチャタレー夫人の恋人みたいだ。

たくさんの丸い黒いものが、城の前の階段を登っていく。印象として黒いものは、はじめは子ども、次いでねずみ。ガイドの声がする。

「印象の捉え方を間違っている。あなたは映像を受け止めるのがうまいが、映像にはイマジネーションが紛れ込みやすい。映像にとらわれるのではなく、心で受け止めるのがよい」

「なかに入っていいか？」

建物のなかに入る。大きなホールになっている。天井は高さ10メートルぐらいか？　ホールの広さは幅30メートル、奥行きが15メートル程度。柱が何本も見える。柱は大理石でできているのか。床には赤い絨毯が敷かれている。白い模様、そのまわりを黒い縁取りがある。大勢の女性が絨毯の掃除をしている。みな、水色がかった灰色の修道女風の衣装をまとい、頭を布で覆っている。

「家内の前世を見たい」

ホールの奥から彼女が現われる。父親と思《おぼ》しき太った人のあとをついて、こちらのほうへ歩いて来る。父親は中世ヨーロッパ風の服を着ていて、腹が前に出ている。彼女はほかの女性たちと似たような色の灰色か水色の服を着ていて、床までの長いスカートをはいている。そのまま左手のほうに行き、４本ほどの柱で囲まれた外への出口（または開口部）から外を見ている。

「彼女との出会いの場面を見たい」

同じホールの端の柱のわきで、彼女と話している。右手の下が階段になっていて、そこに金と黒の模様の入った服装の人がふたり来た。彼女を迎えに来たのだ。彼女はふたりといっしょに下に降りて行き、そこに待っていた同色の乗り物に乗って去った。彼女は誰か別の人と結婚するらしい。

「その後、わたしはどうなったのか？」

森のなかのシーンが見える。ここでの生活にもどったのか。毛皮みたいなものが、かかっている。ちょっとした畑がある。どうも身分の違いとあきらめて、別の女性と結婚したようだ。あんまり怨んだりしていない。それなりに普通の農家の人生を送った、という印象を得た。

「このへんでいい。この人生についてはこのくらいでいい。ところで、いまの人生、いままでのところをどう評価するか」

「すばらしい。期待以上だ。スピリチュアルな成長の道のほうを選んだようだし。この先もこのままがんばりなさい。You have much to learn.（たくさん学ぶことがあります）ガイドやヘルパーたちがサポートしてくれるよ」

「感謝します」

もう疲れているから寝なさいとガイドに言われた。

再度フォーカス27へ

その日、朝1回目のセッションでは、フォーカス27をツアーする。

まずフォーカス27へ行く。音声ガイダンスに従い、教育センターへ。建物がいくつも見えるが、どうしてもなかへ入って行けない。そのうち、計画センターへ行け、と音声ガイダンスが指示する。

建物の内部にいる。円形の部屋だ。壁側に鏡があって、その前に人が座っているような印象だ。どちらかというと美容院のような感じ。映像が変わって、机のようなものがあり、対面式になっていてふたりが話をしている印象。なにを話しているのか、心を広げてみる。右手の女性は次の生の選択肢に不満らしい。相手のカウンセラーに不満を告げているという印象だ。

次いでCoordinating Intelligences（CI、フォーカス27全体の管理、調整役の知的存在）のところへ行く。最初得たイメージは、高さ3メートルほどの垂直方向の螺旋状の歯車（ネジとかドリル）で、金色、黒など、派手な色の機械である。これがいくつも並んでいて、天井近くの上の部分でつながっている。これらがうねってダンスしている。心を開いてみるが、それ以上の情報は得られなかった。

フォーカス27で知的存在を視覚的に見るのは、むずかしいことが多い。なにかが目の前にいる、または、あるのだが、それを把握するのに困難が伴うことが多い。こちらの認識に乗らないからか、その一面しか把握できないためか、棒とか歯車といった変なものに見えたり、水銀のようなぐにゃぐにゃしたものに見える。心でエッセンスをつかもうとするが、印象という形でしか把握できないことも多い。

癒し・再生センター

次のセッションでは癒し・再生センターへ行く。ここでは死の際に受けた心のショックや肉体上の傷を癒し再生する場である。死とともに肉体は失われてしまうのであるが、死後も傷をそのまま引きずっていることが多い。それは心のなかの思いが、この非物質の世界では現出するからである。

赤い絨毯の敷かれた日本のホテルのロビーみたいなところに来る。お辞儀で出迎える人が何人もいる。やはりまるで日本のホテルだ。赤い床が段になっているところに寝転んでいる人がいる。シャワーを浴びている人が見える。次いでプールのようなところ。旅館の大広間のような、畳の敷かれた場所に浴衣姿の老人が大勢座って、なにかショーでも見ているのか、子どももみたいにはしゃいでいる。次いでトロピカルな温泉のような場所に、大勢の老若男女がいる。ライフラインで来たところと同じようだ。

次いで音声ガイダンスが個人的に癒しを受けるよう指示する。なにが起こるのか待っていると、向こうから4、5人の存在がやってきてわたしの左側に並んだ。背の高さがまちまち。コックみたいな印象もある。

しばらくすると、前方に透明なチューブが現われ、気がつくとそのなかにいる。チューブの先（つまり自分の足の先）はふさがっていて平坦なガラス製だ。その向こうに光がある。ガラスは半透明で表面がちょっとごつごつしている。そのなかで、なにかのヒーリングを受けたように思うが、よく覚えていない。

次にチューブは消え、わたしの上に覆い被さるように、カマキリみたいな虫が現われる。白い線で輪郭と内部が形づくられていて、そのあいだは透明だ。機械のようで生きもののような存在だ。それがわたしの全身を頭のほうから足へ、足から頭へと、口のあたりから伸びたもので何回もスキャン（走査）する。なめられているような気がして気持ち悪い。

次いで、それは消え去り、今度は上のほうからきらきら光る紙切れみたいな、蝶のようなものが、いくつもいくつも降りてくる。これは以前ゲートウェイで、ガイドとの会話のときに、ガイドが腰痛を治してくれると言った際に、見たものと同じだった。

次に別の存在が全身を上下にスキャン（走査）する。どっちかというと、切られているような感じがした。作業が終わった。

「もう少し治療・作業内容の説明をしてほしいんですが」

「あなたのエネルギー体を見せてあげましょう」

すると、ぬいぐるみみたいなものが、現われた。その胸のところが毛むくじゃらになっていた。エネルギーの流れが胸の部分で詰まっていて良くない。カマキリみたいなものがやった作業が、エネルギーの流れを良くする治療で、光の蝶みたいなものがやったのが、肉体の治療とのこと。腰のほうは、だいぶ良いようだと言われた。

教育センター

次のセッションでは教育センターに行き、教育の機会を得る。

教育センターに来た。大理石でできた四角い柱がいくつもある部屋のなかにいる。柱は薄茶色をしている。下から見上げている。移動する。狭い通路が見える。壁は黒っぽい大理石でできている。後ろ向きに移動する。このなかは上下がよくわからない。ホールへ出る。壁に壁画がある。エジプト風（エジプトそのものではない）の絵だ。

音声ガイダンスが、個人的なデモンストレーションを受けるように指示する。待っていると、目の前に直径30センチほどのパイのような食べ物が出てきた。つぶつぶ状のものが入っている。これをひと粒食べるように言われる。いままでに体験したことのないような、すばらしい体験ができると言う。ひと粒、口に入れる。

しばらくすると、ガラスの丸いチューブ状の通路のなかにいる。宇宙ステーションの連絡通路みたいな円筒状の通路だ。先は開いている。外は真っ暗だ。どんどん先のほうへ移動し、先端から放出された。まわりに星がいくつも見える。ディープ・スペース（地球からはるか離れた宇宙空間）だ。

「どこへいくのだろうか？」

「別の銀河系で別の生命体のところだ。いままでいつも行きたがっていただろう」

「そうだったっけ？」

「そうだ！」

なにかＳＦ映画に出てきそうな渦巻き状のところを通過し、気がつくと波の立つ青い海の上空に来ていた。青さは地球の海よりも青い。波の波長が短いように見える。

「注意して見てごらん」

よく見ると、魚みたいな生物が水面を飛び跳ねて泳いでいる。背びれが2枚、逆向きについている。海のなかへ入る。たくさん泳いでいるのが見える。そのなかの1匹《ひとり》が目の前に来た。

「わたしがあなたのツアーガイドです」

女性の声がそう言った。

「どう？　わたしの背びれきれいでしょう。セクシーじゃない？」

「え、そうですね」

予想だにしなかった言葉に少し困惑した。

「どのくらいの数、いるんですか？」

「数百万です。過去何億年かで進化してきました」

「戦争とかないんですか？」

「ありません。小さないさかいならありますが」

「働く必要は？」

「ありません。食べ物はいくらでもあります」

「あなたの全身が見えますが」

「エッチ！」

「え！　いや、どうもすみません」

「われわれには目はありません。その代わりに、地球上の生物にはない感覚器官があって、外界を把握しています。目とほとんど同じくらいよく把握できます。どう見えるか試したいですか？」

「もちろん！」

白黒が逆転したような映像が見える（つまり海が白く、魚が黒く見える。自分の目では、海が暗い青で、そこに白っぽい魚が見えた）。

「以上です」

「どうもありがとう」

どうやって帰るのだろうと思案していると、ガイドが声をかけてきたので安心した。海からはなれ、ちょっと移動時間があり教育センターにもどった。ガイドが話しかけてきた。

「まだ少し時間があるので、なにかほかにやりたいですか？」

「どんなオプションがあるの？」

「過去世を体験したり、技能を身につける訓練をしたり。あ、そーだ。スキーのレッスンはどうですか？」

「えーぜひとも！」

目の前が雪の斜面になっていて滑りはじめている。

「あなたはこういうふうに右、左と跳ねるようにするが、こういうふうに滑らかにつなげてやるほうがいい」

自分の足が勝手にウェーデルン（両足をそろえて小きざみに左右にスキーを振って滑るスキーの滑り方）を両足をそろえてスムーズにやっている。連続動作になっていて滑らかだ。

「そうか。こういうふうなのか」

スキーで、新雪を滑っていくイメージが見える。

あとのセッションのときにガイドから聞いたことだが、ここでスキーのレッスンをやると、肉体とエネルギー体を癒す効果があるという。

そういえば、ゲートウェイ・ヴォエッジでわたしへの5つの最重要メッセージを、ガイドから聞くセッションがあったが、第4番目が雪の斜面でスキーをしているイメージだった。あれはこのことを言っていたのだろうか。

ハートの結晶

翌10月3日（水）と4日（木）も、異生命体に会うなど数々の驚くべき体験をしたが、詳細は割愛し、ふたつのセッションでの体験を述べるにとどめる。まずモンロー研の結晶に関するもの。3日のセッションでフォーカス27へ行ったときのことである。

真っ白いピラミッド状の山が遠くに見える。近づくにつれ、それがダブル・ヘッデッド（上下両端が尖がっている）の結晶になった。それは広場の茶色の石の上にある。こちらからエネルギーをアーチ状に投げかけると、結晶は白く光り輝き、こちらにエネルギーを送ってきた。

「わたしも結晶だが、あなた方人間も小さな結晶だ。エネルギーをつくり出し放射している」

そう結晶が言った。こちらの胸の結晶が白く輝いた。優しさ、暖かさ。何ともいえない安堵感。安らぎ、慈悲、愛情……。

音声ガイダンスが27から帰還するように指示する。このままここにいたい。だんだんと遠ざかっていく。なにか我が家から引きはなされていくような寂しさを感じた。

われわれの胸には結晶がある。それは振動子あるいは音叉（チューニング・フォーク）のように発振できる。そのときエネルギーの流れは増幅され、光り輝く。水晶も地球のコア（核）もみな結晶であり、棒磁石がまわりにつくり出す磁力線分布のようなトーラス状のエネルギーの流れをつくり出す。愛のエネルギーを受けて発振し、光り輝く。

別のセッションで興味深いことがあった。フォーカス27で教育センターへ行き、自分にとってのキー・フレーズ（肝要な言葉）を教えてもらうことになっていた。

Patience（忍耐）とPractice makes perfect（継続は力なり）のふたつが心に浮かんだ。

その後、ついて来いと言われる。通路をいくつも移動していく。プライベート・レッスンだという。部屋に入る。横向きに長い机があり、横1メートルぐらいずつ間仕切りで区切られていて、それぞれに目の検査装置のような物と鏡あるいはディスプレイらしき物が置いてある。

その前に座り、装置を覗き込むと、前のディスプレイにいくつも縦方向の棒グラフが出る。各分野での進歩状況がここに示されているという。詳細はカウンセラーが読むべきだが、全般的によく進んでいる。ただ1カ所、ハートの愛情について努力が必要だという。そこで、特別レッスンを受けた。

「ここには世界で一番大きな結晶がある。ここからLove Energy（愛のエネルギー）を放射するので、それでハートを洗い清めるように」

高さ2、3メートルほどの結晶が見える。光を放射しだした。こちらの体に入って来るが、なにも愛情を感じなかった。少しがっかりした。

X 27・プログラムで学んだこと

フォーカス27にある各種のセンターを訪れ、さまざまな体験を持ち、これらのセンターの存在に対する確信が、さらに深まった。またガイドとのたび重なる会話や、新たな過去世体験ができ、ガイドや過去世の存在についての疑念がさらに薄らいだ。

また、今後学んでいくべき課題が明らかになったことも、ひとつの成果である。

わたしはハートでのエネルギーの流れが悪い。そのため愛のエネルギーをうまく享受したり放射したりできないということだ。ハートでのエネルギーの流れをよくするとは、ハートチャクラを開くということである。これは一朝一夕にはできないことであり、不断の努力を要する。

〔著者追記：次ページの表は、原著を執筆した当時の理解によるものである。現在ではフォーカス34・35から上のレベルについて、さらに理解が深まっている。詳しくは『死後体験Ⅱ』をお読みいただければと思う〕

モンローのフォーカス・レベル	
フォーカス 49	現在モンロー研で探索中。モンローと交信のあったミラノンという名の知的生命存在のいるレベル。
フォーカス 34・35	地球生命系でこれから起こるビッグ・チェンジを観測するために他の多くの生命系から大勢の異生命体がこのレベルに集まっている。
フォーカス 27	霊的に進化した人たちによって創られた世界。機能に応じて、受け入れ、再生、教育、計画センターなどがある。人はここまで来て初めて転生できる。
フォーカス 24～26	信念体系領域。共通の信念を持つ人々の思いが生み出した世界。その信念に応じたさまざまな世界がある。互いにだましあうことに喜びを見いだす人が集まる世界や、アル中地獄、疑似天国など。
フォーカス 23	各自の思いが生み出した世界。そのなかに閉じこめられていて出られない。仏教で言うところの孤地獄に相当する。
フォーカス 21	時空の縁。物質界と非物質界との境界。この世とあの世の境。
フォーカス 18	ハートスペース。ヒーリングが可能。
フォーカス 15	無時間の状態。過去世データにアクセス可能。
フォーカス 12	意識の広がった状態。五感を超えた把握。ガイドとの交信。
フォーカス 10	体は熟睡、意識は明らかな状態。体外離脱が可能。
C 1	覚醒状態。

第八章　継続は力なり

忍耐（Patience）

X27・プログラムから帰ったあとは、しばらくのあいだ比較的スムーズにテープで各フォーカス・レベルに行かれるようになった。「継続は力なり」の指示に従い、機会をみては自宅でテープを聞いた。自宅でのヘミシンク・セッションでのいくつかの体験を紹介する。

2001年10月8日（月）

早朝4時ごろ。昨日アメリカから帰ってきた。時差ぼけで早く目が覚めたのでX27でもらったテープを聞く。1回目はあんまりうまくいかない。どうしようか迷っていると、左のほうから声がして「テープを聞いたら」と言う。左といってもまだ自分のなかだなと思う。

あんまり聞きすぎるのもよくないいんじゃないか、なんて考えていると、

「Practice Makes Perfect（継続は力なり）だよ」

などと言う。かなりカジュアルっぽい言い方だ。

「いままでのガイドさんとまったく違うね。いままでのはもっと大人だったし、崇高な感じがしたし」

指示に従いテープを聞く。

フォーカス12、空高く1万メートルぐらいに上がった感じ。

フォーカス15、真っ暗な宇宙空間。3次元の黒い空間に頭を突き出した感じ。

フォーカス21、ずっと上空のはるかなところ。

フォーカス27でモンロー研の結晶を探すが見つからない。計画センターへ行くことにする。

CIのところに来たようなので、今生に入る前の計画のところをもう一度体験したいと言う。

こっちへ来なさいと言うので、ついて行く。

少し行くとイスがあり、座って待つように言われる。イスといっても金属の曲った棒みたいな印象で、どちらかというと、エクササイズ用の動かない自転車みたいな感じ。

待っていると存在がやって来た。

「あんまりよく把握できないんですけど」

と言うと、女性の声で、

「この前もそう言ったわね」

と言う。女性の声か。女性の声が聞こえるのはめずらしいから、もしかしたらこれって本当の体験なんだろうか。

「この前のX27中の体験では、いまの人生に入る前にはどういうことを話し合ったのか、なにが目標になったのかよくわからなかったんですが？」

「その前の人生の一部を見せましょう」

しばらくすると、家のなかにいる。右手のクロゼットを力いっぱい開けると、なかから台車みたいなのを取り出し、それを乱暴に押して入り口とかにぶつけている。かなり頭に来ていて、怒っている。ドアを乱暴に閉めている。

「いつのどこでの生ですか？」

「いつどこかは重要ではありません。今回の人生では怒りを押さえて、忍耐強くなることを学ぶのがひとつの目標です」

忍耐か、この前も言われたな。

そういえば子どものころ、かなり短気だったなと思っていると、

「そうです。いまの人生でも子どものころは、その前の人生での問題をそのままかかえていました。もうひとつ学ぶことは愛です。愛を感じること、与えることを学ぶ必要があります。そのために、いい人をお嫁にすることになります。ただし、このふたつの目標を達成するのに、父親はかなり足を引っ張る存在になります」

「家内との出会いのある人生を見せてもらえますか？」

するといまの人生での出会いみたいなシーンになる。

「いや、いまのじゃなくて、もっと前の」

暗い視界のなかに鎖帷子《くさりかたびら》みたいなものをつけた女性が見える。剣を振っている。家内だ。ヨーロッパの女性騎士みたいな感じがする。ここで時間切れとなった。

あまり家内にはこういった話はしていないのだが、最近になって彼女はリアルな夢を2回見たと言う。その内容は、わたしのイギリスの西南端での前世とのつながりを感じさせるものだ。

彼女は、中世ヨーロッパにおいて、海岸のそばにある小国の領主の妻であった。そのときの国家間の情勢から、領土を守るためには、どうしても彼女が死ななければならなくなった。息子がやって来て自殺を迫る。断崖絶壁のそばの城で彼女は迷い苦しむ。2回の夢は紆余曲折あるが、最後は、どうしても死ななければならなくなってしまうという。

夢、遠い記憶、こういったなかに過去世体験が潜んでいるのは間違いない。

われわれはみな、はるかな過去からいくつもの人生を経て来ている。満たされなかった夢、叶わなかった願望、幾多の無念の思い、数え切れないほどの涙。これらの過去の記憶の断片が、どれだけわれわれの日々の思いに影響を与えているのか？

潜在意識下に埋もれたこれらの思いは、過去世を追体験することで初めて顕在意識上に上がり、解放される。そうして初めて、精神が自由になっていくのである。

コーンウォール

イギリス南西端での過去世について、その場所、時代を特定できるだろうか?

あるいは得られた情報が、実際の歴史と整合しているかどうか確認できるだろうか?

イギリスは南洋の島と違って、詳細な歴史の記録が残っているから可能性はある。ただロンドン近郊と違い、南西部の歴史がどこまで記録されているのか、また日本から知ることができるか、という不安はある。

まず、過去世について得られた情報を列挙する。

- 場所はイギリスの南西端。ということは、コーンウォール半島、その端ならランズエンドあたりか。(余談になるが、うちではランズエンドというアメリカの通販をよく利用するが、名前が地名から来ているとは知らなかった)
- あたりは小領主の小さな国(あるいは領地)に分割されていた。
- 大きな城のような石造りの屋敷。なかには大広間がある。大理石風の柱が何本もある。
- 女性の服装は、修道女のような薄水色の服で頭を布で覆っている。足首までの長いスカートをはいている。男性(父親)は、かぼちゃブルマの下に、股《もも》までの白っぽいタイツをはく。
- 馬車が使われている。イギリスで馬車が使われるようになったのは、いつからだろうか?

まず例によって本を調べてみた。おもしろいことに、コーンウォールの歴史や地理について一番情報が多いのは、百科事典やイギリスについての解説書ではなく、観光ガイドブックである。簡潔にではあるが、概要をつかむことができた。

ただ、いま必要としている詳細情報は得られなかった。その点、やはりインターネットはすごい。イギリスのヤフーで検索し、コーンウォールについて調べると、いろいろ出てくる。コーンウォールの歴史について記したサイトや、古代や中世の城についてのサイトもある。

これらによればコーンウォールの中世（12世紀ごろから17世紀ごろ）は反乱軍による戦いの連続であり、多くの血が流されたことがわかる。一応コーンウォールの支配者はノルマンやプランタジネット王家の親族であった。

平凡社の『世界大百科事典』によれば、イギリスで最初に4輪馬車がつくられたのは1555年で、64年にエリザベス女王用につくられた。その後、貴族用にたくさん製造された。

時代による変化が最も激しいのは服装である。やはりイギリスのヤフーで調べると、1500年以降になると、30〜40年ぐらいでけっこう変わっている。ここに出ている資料に、わたしの見た父親や家内の服の特徴が一致するのは、1500年代後半である。

以上の情報をもとに判断すると、わたしが見たシーンは16世紀後半だったと思われる。

ついでに、この石造りの大屋敷は特定できるだろうか。イギリスでは古い城や屋敷がそのまま残っているケースが多い。それは日本と異なり、貴族が何世代にもわたってこの国の支配階層に居座っていられたことに大いに起因する。

イギリスのヤフーで調べてみると、建造が16世紀後半かそれより前のものは、コーンウォールに限っただけでも10ヵ所程度ある。外観の写真ですぐにわかるのは、Castle（城）と呼ばれるものは、どれも構造的に古く、わたしの見たものはManor House（荘園領主邸）と呼ばれるものだということだ。

外見が似ているのは、1500年ごろに建てられたコーティール・ハウス（Cotehele House）と1573年建造のトレリス・ハウス（Trerice House）である。ただ、わたしが見た家は、建物の前に空き地があり(馬車の乗降場?)、建物に向かって右側から石段で登るようになっていた。このふたつの建物はそうはなっていない。その感じに近いのはマウント・エッジカム（Mount Edgcumbe）である。（ただ、建物自体は違うように思える）

このような古い建物では建造後、現在までに増築、改修が何度も行なわれているのが普通なので、現在の姿からこれ以上推論するのは無理があるだろう。現地を訪れ、調査したいと思っている。

2002年2月19日（火）

午前11時10分からX27でもらったテープを聞く。

フォーカス27に着く。ガイドたちに会おうとするが見えない。ガイドにAさんを探したいと言う。Aさんとは知人の知人で、数カ月前に失踪した。海岸のそばのゴルフ場の駐車場に、車が乗り捨てられていたのが見つかったという。

気がつくと海のなかにいる。青い。上のほうに水面が明るく見える。左手は黒っぽい岩がある。小さな魚の群れのような、きらきら光るものが動いている。

「誰かいますか？」

何度も呼ぶが返事がない。誰も見えない。

しばらくすると、手のようなものが見えた。See it not there technique「それはそこにはないと見る」手法を使う。

効果はよくわからないが、真っ暗になった。誰かの声が聞こえたような気がした。

「隠れていたのに。おまえも借金取りか？」

みたいな感じだ。相手の姿は見えない。サラ金のようなところから借金をしているらしい。

「奥さんが心配してますよ」

「そーか、そういえばそんなのがいたな」

「借金のこと、奥さんは知らないんですか？」

「まだな」

その後、男は借金取りから逃げるため、自分は海に沈んで死んだことなどを話した。名前を聞いてもはっきり言わない。

「ここから出てもっといいとこへ行きましょう」

「いいとこって？」

「天国みたいなところです」

「ふーん」

おまえは誰だ、みたいな事を聞かれたので、

「天国からの使いです」

と答えた。

「そうは見えないけどな。普通の人にしか見えないけど」

「そういうふうに見せているんです」

そのまま上がっていく。相手の姿はまったく見えない。どんどん上がっていく。床が黒に金色の線が入っている大きな部屋のようなところに来た（フォーカス25的なところ）。男はここでいいと言う。ここがどこかよくわからないが、男は行ってしまったようだ。男はまったく姿を見せないのでよくわからないが。そのあと何人か部屋のなかを歩いている姿が見えた。

2002年3月3日（日）

夜、寝付くときにガイドが話しかけてきた。誰かを救出に行く必要があるらしい。

しばらくすると、フェンスが見える。先の尖った鉄製の棒が並んだアメリカ風のフェンスだ（ホワイトハウスにあるようなもの）。よく覚えていないが、なかに洋館があったと思う。

次いで家のなかにいる。なにか大正時代の洋館の印象がする。廊下（右手は窓があるので明るい）を奥のほうへ行くと、その先は異常に怖い感じがする。

さらに進むと部屋のなかに入る。女性がいる。顔がはっきり見えるわけではない。虹色の流れのような存在が見える。顔とかのイメージが、一瞬一瞬、把握できる。

美しい日本人女性という感じだ。年のころは30ぐらいか。和服を着ている。次の瞬間には洋服を着ている感じに変わる。この女性は、死んだのになぜかこの部屋にいつまでもいつづけるのだ。なにか未練や執着を感じているようだ。あるいは出られなくなったのか？　どうもそっちのほうらしい。

ちょっとした会話をした。翌朝になってこれを書いているのでよく思い出せないが、別のもっといいところへ行こうと、わたしは言ったと思う。上に上がる。そんなことはできない、みたいなことを言われるが、やってごらんと言う。女性もできて、いっしょに上がっていく。あとはガイドに任せようと思った。

途中で、別のことを考えていて、はっと我に帰ると、女性はまだいっしょにいた。なにを考えていたの？　みたいなことを聞かれた。

すると、広い緑の芝生のところに来た。まんなかに立派な洋館（たしか白かった）が見える。いつのまにか女性はいなくなっていた。

上空へどんどん上がって行く。眼下には樹海が広がっていた。

うまくできたじゃないか、みたいなことをガイドが言った。まだ本当かどうかよくわからないでいる。もう寝なさいと言われた。

◇　◇　◇

フォーカス23に囚われている人たちの姿を見るのは、なかなかむずかしい。まだまだ体験を増やしていく必要がある。姿が一瞬見えるときがあるが、しいて見ようとすると消えてしまう。心を開いて彼らの思いを把握しようとするほうがうまくいくことが多い。彼らとの会話は、通常の会話とは異なる。彼らの思いがひとかたまりになって、こちらの心に入ってくることが多い。それをこちらで把握、解釈する。「……みたいなことを言われた」という表現が再三出てくるが、これはそのためである。

第九章　知的存在との会話——2回目のX27・プログラム

再度アメリカへ

X27・プログラムは2001年の10月にとったが、内容が豊富でとても1回ではそのすべてを吸収できなかったので、2002年4月にまた受けることにした。

この報告は、前回割愛した後半部を主に記すことにする。

2002年4月13日（土）

午後3時ごろロバーツ・マウンテン・リトリーツに到着。すぐに、今回トレーナーを務めるフランシーンのインテーク・インタビューがあった。話をしていて彼女は、ブルース・モーエンの本に何回も登場する、あのフランシーンだということがわかった。その本では著者のモーエンといっしょに、フォーカス27を探索したりするのだ。モンローに、X27・プログラムのアイデアを薦めた人でもあるという。

今回のCHECユニットは#3。1階（玄関からは地下1階）の奥の部屋だ。同室はダグ、190センチはあるテキサスの大男だ。顔も話し方も現大統領のジョージ・W・ブッシュのそっくりさんだった。

◇　◇　◇

夕食のあと、キャビンにてミーティングがあった。まず各自が順に自己紹介をした。トレーナーはジョーとフランシーン。ジョーはMC2という念力を体験するプログラムを開発した人で、本職は心理学者・心理療法士。50歳ぐらいで、「アメリカ版さだまさし」といった感じの人である。今回の参加者は19名。女性5名。外国からは、ドイツから来たガブリエルとキプロス在住のアメリカ人女性（ローズマリー）とわたしの3名だった。

つづいてX27・プログラムの目的の説明があった。要約すると
- フォーカス27を探索し、そこにあるいろいろなセンターを訪問する。
- フォーカス27を維持運営する、知的存在たちとコミュニケートする。
- フォーカス34・35を探索する。

モンローは『魂の体外旅行』の第16章で「大集合」について記述している。あるフォーカス・

レベルに行くと、さまざまな地球外生命体が大小さまざまな乗り物（宇宙船）で地球のまわりに多数集まっているという。

本には出ていないが、モンロー研によると、生前モンローはこのフォーカス・レベルは34と35だと言った、ということである。ひとつのレベルではなく、若干異なる、隣接するふたつのレベルだということだ。

多数の地球外生命体は、これから地球で起こる大きな変化を目撃するために、集まって来ている。この変化はアース・チェンジーズともビッグ・プランとも呼ばれている。『魂の体外旅行』によれば、87億年〔著者追記：原書では8千7百万年となっているので、おそらく誤訳〕に1回起こるか起こらないかの出来事が、これから地球で起こるという。それがどういった変化なのか、起こってみないとわからない。かなりの不確定性を含んだ出来事である。われわれの時空間だけでなく、隣接するエネルギー・システムすべてが変えられる可能性もある。

ブルース・モーエンはさらに探索を進めた。彼によればこの一大変化は、地球のコア結晶の軸がはるか遠くの、ある物体の軸と一致するために起こり、大量の「無条件の愛」が「愛の源」から地球にもたらされるという。

それにより人類の意識は拡大し、人類の意識はかつてひとつであったということや、そもそもわれわれが創造された理由、目的を思い出すのだという。

エントリー・ディレクター（ED）

翌4月14日（日）は1日フォーカス12、15、21、27のおさらいを順にやった。2日目の4月15日（月）になり、いよいよこのプログラムのセッションになった。夕食後のセッションはフォーカス27にいるEDに会うというもの。

EDとは、人間に生まれる人の入管業務を司《つかさど》るエントリー・ディレクターである。人間世界に入っていくプロセスを観察させてもらう。

まず計画センターへ行くように、音声ガイダンスが指示する。なにかの構造物のなかにいる。次いでEDに会うように指示される。EDは見えない。気がつくと構造物の外にいる。大勢の人が横に並んでいるのが見える。みな人間界に生まれる順番を待っているのだ。

次いで、自分の個人的な歴史を知っている存在に会うよう、音声ガイダンスに指示される。なにかがこちらに来るのがわかる。

「この前もここに来ましたね。この前に見せたのは直前の生ではなく、いまの奥さんとの出会いのある生でした。今回は直前の生を見せましょう」

広々とした緑の草原。牛のような動物が何頭か見える。男が空に向かって銃を向けている。ほかにも人が10人程度いる。なにをしているのかよく把握できない。しばらくすると、ニワトリがたくさん地面をつついている。要するに牧畜をしていたのか。どこでいつかと聞くが、回答はなかった。

翌4月16日（火）、朝1時半に目が覚める。夜中のほうがうまくいくことが多いので、情報が得られるか試してみた。

まず向こうのモンロー研と、そこにある結晶に行こうとする。ぼーっとした白い光の塊の前にいる。たくさんの細かい白い光の点が楕円状にある。優しい、暖かさ。これと同じものなら、きのう何回も見た。結晶だとは思わなかったが、稜線がなくても、はっきりした形がなくても、これがもしかしたら結晶なのか。

前回のX27では本当に結晶が見えたが、そのイメージに囚われすぎるのはいけない。この暖かさ、何ともいえない優しさは結晶そのものだ。

次いで、EDのところへ行き、エントリー・プロセス（人間に生まれるまでのプロセス）を聞くことにする。ガイドは直接行っていいと言う。ところがここからが大変だった。まったく情報が得られない。1時間半ぐらい悪戦苦闘する結果になった。

非物質世界で誰かと話したり、情報を得たりするのは、コツがいる。ちょうど水泳に似ているかもしれない。力みすぎて肩に力が入ると、沈んでうまく泳げないのと同じだ。がんばりすぎるとリラックスできず、かえってうまくいかない。

もうあきらめかけて、案外、万策尽きて気が緩んだときに、うまくいくんじゃないかと思うと、映像が見えてきた。いままでとは違い、前回と同じようなはっきりした映像だ。

通路を前進している。前方に足首まですっぽり覆ったガウンを着て、帽子をかぶった人物が歩いていく（ガイドか？）。性別不明。さらに進むと、吹き抜けのホールに出た。先ほどの人はいなくなった。右手は壁、またはエレベータの乗り口。よく見ると大勢の人がいる。みんな左手のほうを、感慨深げに見ながら前方へ歩いていく。左手はガラス張りの窓が広がっていて、外のようすが眼下に見える。

青空と緑の木々のなかに、建物が散在するフォーカス27の広大な町並みが見えた。さらに進むと空港のロビーのような大きな吹き抜けの場所に出た。多くの人が（1000人ぐらいはいる）部屋一面に並んでいて待っている。

外へ出る。幅30メートルほどの道が、巨大な武道館のような建物へ通じている。大勢の人がそちらへ向かって歩いている。前方の階段を上がると建物に入った。なかは暗いが直径30メートルほどの円柱がある。なにかの機械という印象。ちょっとグロテスクな感じがする。さっきあんなにいた人は、ひとりもいなくなってしまった。

どこへ行ったのかと思っていると、景色が変わって、大きな部屋のなかにいる。牧場の牛を飼っている場所のような印象の場所で、なにかの機械という印象。次いで移動する。同じような大きな倉庫のようなところのなかにいる。床一面になにかぬるぬるした繊維状の海草みたいなものが所狭しとある。よく見ると、それぞれが人間で、昏睡状態にあるのだ。なかには若干動いているものもある。

次いで視界が変わる。倉庫の反対側の壁の開口部のなかへ、さっきの海草みたいなものが動いて入っていく。全部が入りきると壁が閉まった。しばらくすると海草は今度は丸まって出てきた。デニッシュのパンみたいに、うずを巻いている。大きさは1メートルぐらい。ここで意識を圧縮したりそれまでの記憶を消したりしているのか。

次いで別の部屋にいる。工場の生産ラインみたいな場所だ。ここは横向きに張られたチェーン（自転車のチェーンみたいなくさり状のもの）から洋服のハンガーみたいなものが、いくつもぶら下がっていて、移動している。工場の右手はオープンになっている。ハンガーは順にチェーンの端まで来ると、そこから右手の外の空間に放り出されていく。

ハンガーみたいなものは、次から次にそのまま右手方向へ高速で飛び去っていった。下には地上の町と草原が広がっていた。このハンガーに見えたのは生まれる前の人なのだ。それぞれが自分の生まれる場所・ときへ飛び去っていくのだ。

次に、自分の個人的な歴史をよく知っている人に会って、情報を得ることにする。女性の声。

「さっきは前回の生を見せようと思ったが、もっとおもしろい生があるので、そっちを見せることにします。ただ、あなたはもう寝たほうがいいので、＊ロートという形であげます。時間のあるときに開いてみてください」ということで、あとで見ることにした。

そのあと、もう一度結晶に行ってみた。白い柔らかな光の楕円状の塊はすぐに見つかった。輪郭が前よりはっきり見える。よく見ると、まわりに人が手をつないで輪になっていた。伸ばした腕が結晶に触らんばかりのところにいる。みな白い服を着ている。数人、今回の参加者も混じっていた。結晶は人の高さの倍はあり、直径は2メートルほどある。みんなはぐるぐると結晶のまわりを回りだし、結晶と一体になった。

CI

この日、夕方4時からのセッションは、フォーカス27を維持運営する知的存在に会い、質問するというものだった。彼らはCI（Coordinating Intelligences コーディネーティング・インテリジェンシーズ）と呼ばれる。前回のX27・プログラムでもCIに質問する機会があったが、そのときはCIの言わんとしていることの半分ぐらいしか把握できなかった。ともかくこちらの意識と向こうの意識の周波数が違っているような、うまくチューニングされてないような感じだった。実際この表現は正しいと思う。

モンローによれば、人間の意識は光のような連続スペクトルである。スペクトル上のどの位置にいるか表すのに、光や電波では周波数や振動数という言葉を用いる。電磁波には遠赤外線のような低い振動数のものから、ガンマ線やX線のような高い振動数のものまである。ちょうど同じ

＊モンローの造語。Related Organized Thought Energy の略。ひとかたまりの情報。

ように、意識にも低い振動数から高い振動数まである。物質界は振動数が低く、フォーカス・レベルが上に行くほど意識の振動数は高くなる。互いの意識の振動数が合っていないと、うまくコミュニケートできない。

フォーカス27の計画センターに着いた。CIのところへいく。実は午前中のセッションでも、ここには来ている。そのときには、黒い部屋に黒い金属かガラスの板が何枚も組み合わされた（表面が光っている）機械のような存在が4、5個、順に見えた。どれも機械的なイメージで回転していたり動いていたりした。コミュニケーションを試みるが、なにも帰ってこなかった、あるいは把握できなかった。

今度も例によって黒い金属的なイメージが見える。はっきり形が把握できるわけではない。会話をはじめるがよく把握できない。

「こちらの意識の周波数をチューニングして、そちらの周波数に合わせてもらえますか」と、お願いする。するとうまく会話ができるようになった。

音声ガイダンスに従い質問を開始する。

問1　フォーカス27の歴史について。誰がつくったのか？

CIの答え。

「霊的に進化した人たちによってつくられた。かなり古い時代に」

「ＣＩはそのときの人たちですか？」
「そういうＣＩもいる。すべてではない」

問2　CIたちのフォーカス27の維持運営における役割はなにか？

ＣＩの答え。
「フォーカス27で働く知的存在（ＣＷ、Consciousness Workers）は大勢いる。彼らはＣＩを頂点とするピラミッド状（底辺が三角）のヒエラルキー（階層）構造になっていて、下にいくほど担当する範囲が狭い。ＣＩは４、５人いて、ピラミッドが４、５個互いに重なっていて、担当範囲がオーバーラップしている（この、複数の互いにオーバーラップしたピラミッドの形が見える）。知的存在たちは意識の糸で互いにつながっている」

問3　フォーカス27の、物質界の地球系との関係は？

ＣＩの答え。
「地球自体はフォーカス27ができる前から存在していた。それを担当する連中は、別に存在する。ただ、人類が生まれ、そこからフォーカス27ができあがってきたあとは、フォーカス27が地球担当者たちと協力している。動物とか自然現象とかは、自然法則や因果の道理に従っている。フォーカス27の範疇ではない」

問4　フォーカス27によって調整される地球生命系以外の系には、どのようなものがあるのか？

ＣＩの答え。

「地球以外の生命系にも、それぞれそこのフォーカス27が存在する。ＥＬＳ（Earth Life System 地球生命系）のフォーカス27のＣＩとすべてのフォーカス27のＣＩは意識の糸でつながっている。生命系間での生命移動などがあり、それは互いに協力して行なう」

問5　フォーカス27を超えた先には、なにがあるのか？

ＣＩの答え。

「ＥＬＳのフォーカス27はさっきのピラミッドが重なった形をしているが、それぞれの生命系に似たような形のフォーカス27があり、それらはつながっている。（円形に各フォーカス27が並んでいるイメージが見える）

ＥＬＳのフォーカス27から各フォーカス27への距離はどれも等しいので、このイメージは正しくないが、便宜的に使う。この全体をコントロールするＣＩがさらに上に存在し、それがピラミッド状をしている。

ほかにも似たような円、ピラミッドがいくつもあり、それぞれにＣＩたちがいて、さらにそれをコントロールするＣＩたちがいて、その上にもまたＣＩがいるというヒエラルキーになっている。ただこれは無限につづくのではなく、あなたも知っているように、有限だ」

問6　成長段階にある系としての、地球の置かれた位置について。

ＣＩの答え。

「あなたが前回のX27・プログラムのときに正しく把握したように、Mineral（鉱物）、Plant（植物）、Animal（動物）、Human（人類）、Superhuman（超人類）の進化の階梯《かいてい》の4段階目にいる。ただ5段階目に行ってもすべての人類がSuperhuman（超人類）になるのではない。そのままHuman（人類）のままでいる人もいる」

問7　人類を卒業した人たちには、どういうさらなる成長の場があるのか？

ＣＩの答え。

「フォーカス27に残ってヘルパーとして働いたり、別の生命系を探索したりできる。ただＥＬＳは非常にユニークな場で成長を早める。ま、時間というのは意味を持たないわけだが。前回に比べ今回は会話がスムーズにできるようになっていてすばらしい。意識が上のほうへ引き伸ばされるのでここに来なさい。何回も来るうちに、意識の伸びがパーマネントになる」

あとで、イメージが浮かぶ。意識の線が枝わかれしていき、個々人につながっている。ＣＩとは、意識が広範囲の人とつながった人で、ＣＩにとってみれば個々人は足や手、指みたいにその一部。ＣＩはさらに大きなものの一部。足の細胞のひとつが頭までやってきたので、よくここまで来たと、誉めてもらったみたいな感じを受けた。

今回は会話がうまくできた。ＣＩの言わんとしていることが、スムーズに頭のなかに流れ込んでくる感じだった。

発明の場

このＣＩのいる計画センターには、発明をしたり新しいアイデアが生み出されたりするところがあるという。次のセッションではそこに行き、担当の知的存在に音声ガイダンスに従い種々の質問をする。

計画センターへ着く。質問開始。

問１　発明とか新しいアイデアはどうやって地上へ導入されるのか。

直径10メートルぐらいの透明の球体が、部屋の壁際にある。球の内部に白い筋がいくつも見える。この球が発明をするという。これはＣＩたちの意識につながっていて発明ができる。見ていると、そのわきからポロンと円盤が出てきた。直径10センチ、厚さ2〜3センチほどの円盤はすばやく走り去っていった。あとで聞いたが、これは意識のネット（網）みたいなところに載せられるという。だれでもそこにアクセスすれば、そのアイデアを得ることができる。普通は、それに非常に興味のある人が、そのアイデアを得る。

問2　これから実現される新しいアイデアとか、それが実現されるのをフォローできるアイデアを教えてください。

人が、新聞状の透明なプラスティックのようなものを、広げているのが見える。やわらかくて曲げることができる。たぶんコンピュータのディスプレイかと思われる。これが将来実現されるアイデアとのこと。

（この1カ月後の5月21日、東芝が折り曲がる液晶ディスプレイを開発したと発表した）

問3　地上の人の願いとかは、どうやってフォーカス27へ反映されるのか？

太いパイプの束《たば》が町の上を走っているイメージが見える。これがそこらじゅうにある。地上の人間からの思いをフォーカス27の計画センターへもたらす。

問4　ビッグ・プランについて。

「誰かビッグ・プランについて教えてください」

と言うと、ひとりのCWが現われる。

「これはわたしがお答えしましょう。前回に大体のところを正しく把握されてます。こちらのほうへどうぞ」

暗い空間がスクリーンになっているのか、透明の球体（地球）が現われる。

「地球の生命エネルギー場の軸が、ローカルの生命エネルギー場の軸と一致することで起こる、地球生命系での一大変化、進化を言います。ローカル場は、前回説明したようにすべての原子、惑星、星、銀河の生命エネルギー場の和（重ね合わせ）で決まります」

◇　◇　◇

その夜、目が覚めて気がついたのだが、このCWといまでも意識が細い糸でつながっているような感じがする。ちょっと意識をそちらに向けると、にこっと微笑み返してくる感じなのだ。目の前の頭の上に5、6人並んでいて、一番左がこのCW。その隣がガイド。あと、何人かいる。変な感じだ。

地球コアの知的存在

地球のコア（核）には巨大な鉄の結晶がある（両端の尖った六角柱）と言われている。翌4月17日（水）の1回目のセッションでは、地球のコアに行き、いろいろなフォーカス・レベルで、その結晶の印象を感じ取る。またそこでEarth Intelligences（地球の知的存在）に会い、自分へのメッセージをもらう。地球の知的存在とは地球生命系を創造し、それを維持管理運営する知的存在である。

地球コアの結晶に着いた。結晶の一部が動いたような感じがして、結晶内部に入った感じがした。知的存在が話し出した。

「この前もここに来ましたね。前と比べて少し変化していますね」

「わたしへのメッセージは？」

「前回と同じ、Respect the Earth（地球を尊重すること）。Patience（忍耐）。それから、ここに、もっとちょくちょく来るように。意識の拡大ができます」

フォーカス34・35

フォーカス34・35には、宇宙中から地球を観察しに、異星人たちが集まってきている。これをモンローはギャザリング（大集合）と呼んだ。次のセッションではフォーカス34・35を体験する。フォーカス34・35へ行くにはスリング・ショットと呼ばれる方法を使う。地球のコア結晶とフォーカス27のモンロー研にある結晶のあいだを、何回かすばやく往復したあと、コア結晶からモンロー研の結晶に行く際に、そのまま、そこを通り越してフォーカス34・35へ一気に行く。ブランコで何回も行ったり来たりしたあとに、そのまま前に飛び跳ねるようなものである。

地球コア（EC）に着いた。トレーナーのジョーの顔が、一瞬結晶の前に見えた。ホログラムのような感じ。その後、スリング・ショット法で34・35に着いた。

初めは真っ暗でなにも見えなかったが、しばらくそのままでいると、黒い背景に白い奇妙な形のものがゆっくりと動いているのが見える。いくつも見える。さまざまな形だ。ろうそくのようなものが下向きにぶら下がってずらっと並んでいるものや、線が平行にずらっと並んだもの、さらに壺が3つばかりくっついたようなものなど、いろいろな形のものが動いている。巨大なシャンデリアみたいなものが見える。よく見ると展望台のような張り出した部分があり、人のようなものが並んで外を見ている。これらはみな異星人の宇宙船だ。

◇　◇　◇

翌朝4時に目が覚めた。昨日のセッションで、地球の歴史について聞く機会があったが、うまくコミュニケートできなかったので、再度聞くことにした。

地球のコアの結晶に着く。黒い多面体が見える。一部が光っている。

「地球の歴史について教えてください」

「地球の歴史の定義とは？」

「えーと、地球の歴史、地球生命系の歴史です」

「そう。地球という単なる石の塊の歴史ではなく、地球に住むありとあらゆる生命体の総体としての歴史と考えたほうがいいでしょう」

「ガイアですか？」

「そうです。地球はある知的生命グループによって、宇宙に豊富に存在する材料（Raw Unorganized Consciousness 無秩序の意識）を元につくられました。環境を設定することで、これらの材料がどのように意識として成長していくのか、観察するためです。ある意味で実験室です。環境は適宜、変えられました。成長を加速したり、減速したりするためです。またあるときは厳しい状態にもっていき、どのような変化が起こるか観察しました」

「地球全体が氷河に覆われたときですか？」

「そうです。生命はそういった環境でもたくましく発展しました。ご存知のように無機質のものから生命体が生まれ、そして多細胞生物へと進化していきました。われわれは意図的に環境を激変させることで、生命進化を加速させたこともあります」

「何回か大絶滅が起こったときですか？」

「そうです」

「人類はどうやって生まれたのですか？」

「ご存知のように哺乳類のなかから自然に進化してきましたが、意識の成長がある段階まで達すると、ほかの生命系の生命体の興味を引くようになりました。ここで言う、ほかの生命系とは、主に非物質界の生命系です。そこから地球に来て、人類として生まれてくるものが出るようになりました。それらとの相乗効果により、人類の意識の成長が加速度的に進みました」

「あなた方が、その最初に地球を創ったIntelligences（知的存在）なのですか？」

「そうです」

「どこから来たのですか？」

「ロバート・モンローやブルース・モーエンの本に出ていたでしょう。ディスクが*アパーチャーから別の次元に行って、そこで新たな創造をするという話が」

「あっ、そういうことですか。人類、地球のこれからはどうなるのですか？」

「アース・チェンジーズ（地球の変化）とかビッグ・プランということを聞いたでしょう。これからアース・チェンジーズ（地球の変化）が起こります。それがどういったものになるのか、意識の進化にどう影響するのか、われわれも知りません。人類の意識が大きく進化することは、間違いありません。みんなわくわくして、待っているところです」

「どうもありがとうございました」

「いつでもここに帰ってきて、質問してもいいですよ。もうわかってるかもしれないけど、一度ここへ来ると、ここのあなたの意識の糸のつながりが、はっきり認識されるようになります。ある意味で常につながっているので、意識をここに向けるだけで、情報を得ることができるようになります」

異生命体との出会い

朝1回目のセッションではフォーカス34・35へ行き、そこで音声ガイダンスに従い、異星人にいろいろな質問をする。

フォーカス34・35に着いた。初めは真っ暗な背景しか見えなかったが、しばらくすると、クラゲみたいなオーロラみたいなのが、たくさん見えてきた。

質問をし出したところ、日本語だったのでちょっと戸惑っている感じがした。すぐにそれも収まった感じ。

ここで、大きな楕円形のスタジアム（宇宙船）みたいなところのまんなかに、仰向けに寝ているのに気がついた。スタンド状の場所には数千、数万の存在たちがいて、こちらを見ている。存在たちは白っぽくてひょろ長い。

このあと、音声ガイダンスに従い、いくつか質問するのだが、答えがうまく把握できないケースがほとんどだった。把握できた問いのみ記述する。

＊ブルース・モーエンやロバート・モンローの本に詳述されるが、フォーカス35のはるか上に、アパーチャーと呼ばれる「さけめ」がある。この「さけめ」を抜けた向こう側には未知の領域が広がっている。何千、何万という過去世の自分や、それとつながっている多くの生命存在が集結してひとつになると、アパーチャーから抜け出て、新しい宇宙を創造する。

問　ここに集まったうちのどのくらいが、地球生命系の卒業生か？

この質問をすると、半数ほどが手を挙げた。実際、手かどうかはわからないが、体の一部を動かした。

問　われわれが知って役に立つような情報はあるか？

地球の生命系は非常に珍しい存在で、貴重な存在、価値ある存在だ。

問　ここで得た情報が、正しいことを証明するような証拠はもらえるか？

長方形のコンピュータみたいなものが三脚に乗っているのが見える。表面は液体のようにぬるっとしている。それが半分に折られ、さらに半分に折られた。折りたためるコンピュータ、またはディスプレイ？　これが将来実用化されるということか？　似たことを計画センターでも聞いたことを思い出した。

質問をしているあいだ、背景は、はじめのスタジアムから、もっとずっと狭い円形の階段状*会議室（コロシアム、まんなかが低くなっている）に変わった。部屋には数十人の存在たちがいる。個々の存在が見える。イスのようなものに座っている。頭のようなものがあるが、顔がはっきり見えるわけではない。

次いで宇宙船の展望室のようななかにいる。誰もいない。暗いが青い部分がある。大きな窓とその下、光の点やパネルみたいなものが見える。

次いでまた最初のスタジアム。大勢の存在が、中央部の楕円状の開口部に立っているので、巨大なイソギンチャクの内部に寝転がって、上を見上げているみたいに見える。開口部に星がいくつも輝いている。

次のセッションで、再び34・35を訪れた。

スリング・ショット法で34・35へ着く。金色・黒色のガラス張りの部屋（宇宙船）のなかにいることに気がついた。ガラスを通して外の暗い宇宙空間が見える。異生命存在はいない。

次いで別の場所に移動。同じガラス張りだが、チューブ状の通路のなかにいる。直径2メートルほどのチューブが、向こうへ3回転ほど渦を巻いているのが見える。ガラスの金色の枠が背景の暗い空間に映えて鮮やかに見える。

また別の宇宙船内に移動。大きな黒いガラスのような壁が2面ぶつかったコーナーが見える。それ以外は見えない。

次いでまた別の宇宙船内。いままでのと違い、なかが明るい。外へ出る。下を巨大な真っ

＊著者追記：この段階では気がついていなかったが、わたしは自分のトータル・セルフをスタジアムや円形の階段状会議室という形で認識することが多いので、ここではトータル・セルフへアクセスしていた可能性が高い。

白な宇宙船がゆっくりと通るのが見える。黒い小さな窓がたくさんある。いわゆる典型的な円盤型宇宙船だ。

次いでまわりが液体でできたチューブのなかにいる。チューブは直径が2、3メートルほどで、外周部が何かの液体でできているのか、シャボン玉のような虹色に光り、ぬるぬるしている。

はじめ外は暗かったのが、まわりの景色が地上の麦畑になる。どうもこのエイリアンはこれを使って地上に来て、地上を観察したりするらしい。チューブが曲線を描きながら畑の10メートルぐらい上を走っている。

次いで、また真っ暗な背景にメタリック・ブルーのタワー状のものが見える。下の部分が広がっていて、透明の泡や球がたくさんある。

これ以外にもシュールな宇宙船をたくさん見た。

2回目のX27・プログラムで学んだこと

慣れるということは重要である。今回はCI（フォーカス27を維持運営する知的存在）との会話が前回に比べてはるかに簡単だった。意識のチューニングがうまくいったような感があった。また地球コアにいる知的存在との会話もスムーズだった。ただフォーカス34、35はほんとにはるか彼方に来た感じで、映像は得られるが、異星人とのコミュニケーションには難があった。死後の世界（非物質の世界）は Practice makes perfect（継続は力なり、習うより慣れよ）である。

第十章　家内のガイドとの会話

自宅でのヘミシンク・セッション

X27・プログラムから帰国後、自宅でテープを頻繁に聞き、いくつかの貴重な体験をした。まず最初は、家内のガイドと話をした体験である。

2002年4月28日（日）

朝5時ごろからX27でもらったテープを2回つづけて聞く。

どこでのことか覚えていない（1回目の最後か2回目の最初）が、家内のガイドが直径2メートルほどの、無色透明の球として感じられた。それがわたしの体の胸のすぐ上に触らんばかりにある。ちょっとウトウトとした際に、次のことを一瞬に感じた。それは何とも言えない恋情、満たされなかった恋心というか。家内のガイドは何人もの過去世の複合体で、過去世でわたしと別れなければならなかったので、そのときの思いをそのまま持っている。

「やっと会えて、うれしい」

みたいな感じだった。彼女のいまについて質問すると、

「いままで何度も別れなければならなかったので、いまの幸せが長つづきしないんじゃないか、という不安が心のどこかにあり、それであえて自分で幸せを断ち切ってしまおうとする傾向があります。でも、大丈夫。というのは、ガイドは彼女の将来も含んでいます。つまりガイドは過去世のみならず、未来の彼女とも意識の糸でつながっています。ガイドは時間を超えた存在なのです」

と言う。彼女の将来を知っているガイドが大丈夫、ということは大丈夫だということか。

「彼女をしっかり愛しなさい。あなたの精神的進歩にとって、愛が重要であることは知っているでしょう。彼女は、そのためのかけがえのない存在です」

家内のガイドとのコミュニケーションの途中で、イメージが浮かんだ。

なにか淡い色を背景にして、彼女とわたしがまだ4歳ぐらいの子どもで、手をつないで幸せそうにしている。どこの過去世かはわからないが。

次いで別のイメージ。今度はティーン・エージャーのふたり。足首までの長い服をふたりとも着ている。すそ広がりだ。

その後、自分のガイドと会話した。自分のガイドが直径2メートルほどの球として感じられる。すぐ上にいる。すると、自分の体がつながっていて、逆立ちのひょうたんのような形に感じられた。

ガイドはわたしとつながっているというより、自分の一部みたいだ。ハイヤー・セルフというのは正しい言い方だ。ガイド（ハイヤー・セルフ）は自分に一体化して、自分が大きな球になった。自分がその中央にいる。

「ガイドは常に自分の一部で、自分の高次の意識みたいなもの。普通の人はコンタクトがまったくできていない。コンタクトできるようになると、はじめは自分とは別の存在と感じられるので、ガイドという呼び方をする。それが実は自分の一部、普段気づいていない高次の自己であると気がつくと、さらに自己が広がる。別にふたつの別個の人格が存在するのではない。ハイヤー・セルフは、もちろんはるかに分別がある。時間や空間に束縛されない存在だ」

わたしのそのほかのガイドたちも、別の個体なのかなと考えていると、ひらめいた。そうか、自分の意識が広がっていけば、彼らも実はわたしなんだとわかるときが来るのか。

◇　◇　◇

次いで、いくつかの救出活動について紹介する。ブルース・モーエンによれば救出活動（レトリーバル）は、死後の世界に慣れる最善の方法である。これを練習することで、非物質の世界での移動や、そこに存在するものや人を把握したり、あるいは会話したりすることが次第にできるようになる。

2002年5月1日（水）　DV（ドメスティック・バイオレンス）被害者

午後2時45分からX27でもらったテープを聞く。

27に着いた。向こうのモンロー研の結晶に行く。ガイドに救出活動をしたいと言い、しばらく待つ。

ちょっとウトウトした。気がつくと、ある女性と会話をしていた。あるいは女性から次の情報が入ってきていた。

その女性は、夫が子どもに暴力を振るうのが耐えられなかった。

「あなた、そんなことしちゃだめ！」

女性は絶叫したが、子どもは死んでしまった。しかたがないので自分もこちらへ来てしまったと言う。

女性は2、3人の子どもたちといっしょに公園で遊んでいる印象。姿ははっきりとは見えない。子どもはみな2、3歳ぐらいの印象。公園の植え込みが見える。

「ここならパパにじゃまされないでしょ」

と女性が言った。

「でも、いつまでもここで遊んでいるわけには、いかないんじゃないですか？」

そう言うと、女性はちょっと考え込んでしまった。

「でもほかに行くところもないし」

「もっといいところ知ってますよ。いっしょに来ますか？」

上昇する。いっしょに来るか心配だったが、目の前になにかいるのがわかる。なにか人数が増えたようだ。ほかにも母親と子どもがいたのか？

どんどん上がっていく。だいぶ経って、前方に大きな部屋がかすかに見えてきた。赤い絨毯が敷き詰めてあり、ところどころ金色の刺繍かなにかの模様が見える。壁や柱は白か、ベージュ色。彼女たちはいつの間にかどこかにいなくなった。左側に一列に人が並び、お辞儀をしたりして、出迎えている。

そのまましばらくここにいて、部屋のようすをもっと調べることにした。部屋はホテルのロビーのような感じで、柱は太く乳白色で大理石風。もっと奥のほうに行くと、絨毯が真っ赤で模様がなくなった。

音声ガイダンスがＣ１へもどるように指示する。Ｃ１へ帰還。

２００２年５月８日（水）　セロリを食べる男

朝10時半からＸ27でもらったテープを聞く。

フォーカス10あたりから目の前に乗り物があり、そこに2、3人ガイドたちがいっしょに乗っている感じがする。舵をとっている人が先頭にいる。

27に着いた。向こうのモンロー研の結晶に行く。うまく把握できないが、23へ救出活動に行きたいと思う。

ちょっとウトウトした。誰かがなにか食べ物をこちらへ差し出して、食べないかと言った。口をもぐもぐしている人が一瞬、見える。大きなセロリを抱いている印象。はっと我に帰る。よくフォーカス23では、一瞬眠ったときに誰かと話していることがある。その人の意識のなかか夢のなかに、引きずり込まれたような感じがする。

男はずっとセロリばかり食べてきたと言う。姿はよく見えなくなった。

「これがいいって言うからさ。あいつセロリばっかり食べさせるんだ。いい加減飽きたよ」

「でも、もう必要ないんじゃないですか？」

「どうして？　え、あっそうか。もう死んだってことか。そうだと思ったよ。セロリばかり食ってたんじゃ、やっぱ死ぬよな」

「もっとおいしいものが食べられるところに行きましょうよ！」

「そんなことできるのか？」

「いっしょに行きましょう！」

手を引いて上に上がって行く。

「ほんとに何でも食べれるのか？　いいな。焼き豚。おれ焼き豚大好物なんだ。でも、あいつがだめっていつも言いやがる！　太るからって。糖尿病だからだって。ビールもいいのかい。あっそういや、巨人はどうしてる？」

どんどん上っていく。

「名前は何ていうんですか？」

中村タカシとかタダシ。昭和30年生まれ。東京出身。

しばらくすると赤と金色の模様のある場所、中華風という印象の場所に着いた。よく把握できない。さらに黒色が見える。赤い絨毯の敷き詰められた場所で、黒と金色の装飾のある手すり、欄干が見える。男はいなくなった。もっとこの場所をよく把握しようと思う。

次第にはっきりしてきた。欄干のある廊下が、開放的な部屋のまわりにコの字にあり、欄干の向こうには緑の山の斜面が霞のなかに見える。廊下は右側がオープンになっていて、ちょうど城の最上階のような造りになっている。欄干とか部屋とかは中華風で、天女が住んでいたらピッタシの造りだ。ちょっと冷たい風が廊下と部屋に霧を運んできている。

音声ガイダンスがＣ１へ帰還するように指示する。帰還。


2002年5月9日（木）　大連での墜落事故

朝10時すぎからＸ27でもらったテープを聞く。

27で向こうのモンロー研の結晶に行く。結晶ははっきり見えないが、エネルギーを充電したあと、ガイドと救出活動をしに行く。

昨日、中国の大連で飛行機の墜落事故があったことを思い出した。そこへ向かうことにする。海が見えてきた。なかへ入る。なにかが、残骸のようなものがいくつも見える。人を探す。

「誰かいますか？　こんにちは！　ニーハオ！」

あちこち移動するが、はっきりしない。人が大勢いるような感じはある。やっぱりだめかなと半ばあきらめかけると、ガイドの声。

「まわりに大勢期待して集まって来ているんだよ。このままみんなを連れて27へ行きなさい！」

まわりを見回した。はっきり人は見えないが、そう言われてみれば、いるような感じはする。上へ上がる。軍の救出用ヘリコプターかなにかの黒い機体が、上空にいるのが見える。そこから何本もロープが下りてきていて、そこに何人もの人がぶら下がっている。軍のレスキュー隊が来たとみな思っているのだろうか。ヘリはどんどん上昇していった。

緑の芝の広場が見えてきた。向こうには白い大きな建物が見える。屋根がドーム状。芝には人が大勢行き来していて、なにか軍の野戦病院という印象だ。

声が聞こえる。

「よくここまで連れて来てくれた。ここからはわれわれが面倒を見るから、もう帰っていいですよ」

病院と緑の芝がどんどん小さくなってはなれていく。まわりが暗闇に覆われ、やがて病院は光の塊になって消えた。Ｃ１へ帰還。

２００２年５月10日（金）　磯浜の男

昼12時半ごろからＸ27でもらったテープを聞く。

27からガイドと23へ救出活動しに行く。青い海、磯の海岸に着く。岩が黒い。日本のどこかの海岸か。気がつくと男と話をしていた。男の姿はまったく見えない。

「ここを歩いていたら、あるところで突然、がくんと前につんのめったんだ。それから何か変なんだ。ここから出られないし、人は誰もいないし。ここにはよく弟と車で来てた」

「もっといい場所に行かれますよ！」

「本当か？」

「えー。空に浮かんでごらん！」

男はびっくりするが、いっしょに上がっていく。今回はどうも何となく斜めに上がっていってるような感じがする。

「あなたも飛ぶのがあんまりうまくないいんだね」

男が聞いてきた。

「ま、そういうことですね」

そのまま上昇。しばらくすると、駅のホームが見えてきた。どこにでもあるようなホームだ。本当にここは27なのか躊躇《ちゅうちょ》していると、電車がこちらに向かって入ってきた。男を放さないとやばいと思い、放した。

ホームを数人の人が歩いているのが見える。このうちのひとりが、さっきの男なのだろうか？　ホームの先は大きな通路になっている。なにか、空港の連絡通路みたいなゆったりした造りで、開放的で明るい。２、３人が向こう向きに歩いていく。気がつくと外の駐車場に出た。

ガイドの声。

「フォーカス27のレセプション・センターには、飛行場のターミナルみたいにつくられた場所があり、それが多くの人にとって、抱いているイメージにぴったり一致するんだ」

Ｃ１へ帰還。

２００２年５月22日（水）　獅子舞をする化けもの

午前10時すぎからＸ27でもらったテープを２回つづけて聞く。

１回目。よく思い出せないがいろいろな場所へ行き、いろいろな人に会った。最後にゴルフ場のような草原に来た。気がつくと、バスの一番前の右側座席に座っていて、後ろの座席のほうを見ている。スポーツマン風（サッカー選手？）の男ばかり大勢バスに乗っている。わたしはツアーガイドのようで、みんなに向かって言った。

「これから離陸します。バスですが空を飛びます」

上昇していく。しばらく行くと、別の場所に到着。バスの外へ出る。そこは空港の到着ロビーのような広い場所だった。ガラスの自動ドアを抜けると、たくさん人が行きかっている。ガイドの声。

「ごくろうさん。これでいいよ!」

C1へ帰還。

2回目。音声ガイダンスを無視して、すぐにフォーカス27へ行くことにする。

明るい景色が見える(フォーカス27はいつも青空で明るい)。ヘミシンクの音がフォーカス12になった。ちょっとフォーカス12を試してみる。頭のまわり360度の視界があるようなオープンな感じがする。フォーカス15へ。ゴルフ場のような広々とした草原を上空から見ている。27へ着く。ガイドと会話したあと、救出活動をしに23へ行く。

緑の草が一面にある場所。ただ奥は森になっていて暗い。人影が見える。2、3人。東洋人のティーン・エージャー。ハイキングの服装をしている。3人は森のなかへ入って行く。薄暗い。道に迷ったのか。右手のほうに消えていった。森のなかを移動する。するど、前方になにか不気味なものがいる。暗い森を背景にして、そこだけ丸く明るい。動物のような、牛か熊かといった感じだ。おそろしい。首を左右に振ってこちらを威嚇している。まるで、獅子舞だ。何だかこっけいになってきた。

「ねー、ちっとも怖くないんだけど。もうやめたら」

「え！　そうかな。こうやって人を怖がらせてきたんだけど」

ずいぶん前から、この森で通りすがりの人を脅かしてきたらしい。

今度は光の塊みたいになって、木と木のあいだを猛烈な勢いで飛ぶ。

「こうやって脅かしたこともある」

「でも、もう飽きたんじゃないですか。もっと別の場所に行きましょうよ！」

「え、そんなことできるのか？」

「えー。いっしょに上に上がれますか？」

そんなのはわけないと言うので、上に上がっていく。

しばらく移動する。

「あなたは昔、誰だったんですか？」

「昔か。そうだな。そういや昔は、こうなる前はたしか、誰だったんだろう」

必死に思い出そうとしているが、うまく思い出せないようだ。するとガイドが注意してきた。あまり昔を思い出させると、また元へ舞いもどってしまうと言う。急遽《きゅうきょ》話題を変えることにした。

「どんな場所へ行きたいですか？」

返事が定かでない。気がつくと、目の前に白い花の野草が見える。背丈が40センチぐらいの草むらにいた。手前には白い花がちらほらあり、向こうには赤い花が咲き乱れている。よく臨死体験者が死後お花畑に来たと言うが、そんな感じの場所だ。ただ、まわりや奥は暗い。どうもここは、フォーカス27ではないようだ。

男はいなくなっていた。しかたがないので、フォーカス27へ行くことにした。もしかしたら、見えないだけで、まだ、いっしょにいるかもしれないからだ。

フォーカス27へ。明るい広々とした場所の上空にいる。ゴルフ場のような飛行場のような場所だ。そのあと、C1へ帰還。

2002年5月23日（木）　農作業をする男

朝11時からX27でもらったテープを聞く。

27に着く。救出活動をしたいとガイドに言う。しばらくすると、森のなかの小道にいた。山の斜面を登る幅2メートルほどの土の道。両側は樹木がうっそうと茂っている。しばらく登ると、急に視界が開けた。山の中腹にあるちょっと平らなところで、白い柵で囲まれた牛小屋のようなものが見える。少し行くと、男がなにか作業をしている。

「なにをしているんですか？」

「え！　見てのとおりさ」

牧草を運んでいるようだった。

「ずっと、こういう作業をしているんですか？　なにか少し変わったことはなかったですか？」

男は少し考え込んだふうだった。

「たしかに、ずっとこういうことをしている。そう言われてみれば、ここんとこずっとこれをしている」

「死んだんじゃないんですか？」

男は考え込んだ。

「いっしょに行きましょう！」

少し上に上がる。ところが、どういうわけかどんどん上昇してしまい、その場からはなれてしまった。まわりが紫色に変わった。そのまま上昇をつづける。男はついてきたのだろうか。よくわからない。

しばらくすると、一面が緑の草原の上空に出た。そばに男は感じられなかった。

そのあとあちこち高速で移動。だいぶしてまた草原に来た。白いヘルメット姿の男の集団がいる。30名ぐらいか。なにをしているのだろうか？　ちょっとウトウトとしたら、そのひとりと話をしていた。なにかの宗教行事のことを話している。たぶん工事かなにかで死んだ人の慰霊祭のことだ。年1、2回の行事じゃ実入りが少ないから、毎日やっているとのこと。

音声ガイダンスがC1へ帰還するように指示。また来ると言って、この場をはなれる。C1へ帰還。

2002年5月24日（金）　修羅界

午前11時からX27でもらったテープを聞く。

　27へ着く。緑の広々とした草原。目の前に淡いピンク色の花がいくつか見える。救出活動をしたいと思う。

　しばらくして暗い森のなか。道とそのまわりだけが明るい。よく見ると、人影がちらほら見える。馬に乗った人や、徒歩の人。もっと大勢だ。馬にふたり乗りになっているのもいる。みな黙々と動いている。大きな荷物を背負っているふうに見える。山の斜面の道なき道を何列にもなって登って行く。ちょっと声をかけてみよう。

「あの、なにをしてるんですか？」

「見りゃわかるだろう！」

　たしかにそうだ。ただいつもそうだが、話に集中すると、映像がはっきりしなくなる。映像に集中すると、話が聞こえなくなる。などと考えていると、コンタクトを失った。

　いつの間にか、開けた場所に出ていた。そして、目の前には大勢の騎馬兵が猛烈な勢いで右方向へ突進している。騎馬兵というか、全身が馬と一体になっていて鎧に包まれている。昆虫のようなぬめっとした輝きがある。ほとんど昆虫だ。自分が人間であったことを忘れたのか。右手奥を見ると別の一団があり、こちらへ突進して来る。このふたつの集団は激突し、戦いがはじまった。槍や剣のようなもので戦っているのか。詳細ははっきり見えない。彼らは、ここで永遠に戦い合っているのか。ここはまるで仏教でいう修羅界だ。

Ｃ１への帰還命令が聞こえる。帰還する途中いつまでも、この光景が見えている。意識の一部がここにとらわれても困るので、ガイドに全身を保護してもらうようにお願いする。真っ暗な空間にいる。自分のまわりだけが透明になっている感じだ。さっきの光景はもう見えなくなった。Ｃ１へ帰還。

第十一章　念力を試す――MC2・プログラム

MC2・プログラム

2002年6月にMC2プログラムに参加した。これは念力とかヒーリングについて体験的に学ぶためのプログラムである。スプーン曲げにも挑戦した。自分のハートを開き、宇宙に満ち満ちている生命エネルギーと一体化できれば、自分の思いを具現化できるということだった。ただこの本の主題である「死後の世界」には直接関係しないので、ここではそのときの体験の一部のみ紹介するにとどめる。

MC2（エムシー・スクエアード）プログラムは、その他のプログラムと趣を異にし、念力（PK）やヒーリングを体験的に学ぶコースである。このプログラムは人間意識と物質界のかかわり方について理解を深める機会を与えてくれる。それにより自分の思いを具現化する技術を学ぶ。スプーン曲げにも挑戦する。

個人的には念力とかスプーン曲げというと、ちょっと本当かなと思ってしまう。そういう疑念があるからこそできないのだ、と映画「スター・ウォーズ」に出てくるジェダイ・マスターのヨーダに言われそうだが。

それよりも、プログラム用のパンフによれば、ハート・エネルギーを最大限拡大させる効果もあるという。それが課題であるわたしとしては、これだけで参加する価値は十二分にあると思った。まだ、はじまって今回で5回目という新しいプログラムである。２００２年6月22日から28日のプログラムに参加した。

サッカー・ワールドカップの韓国・スペイン戦、トルコ・セネガル戦が午後からあるので、後ろ髪を引かれる思いがするなか、6月22日朝、日本を出た。シャーロッツビルからいつものマイクの運転するバンでモンロー研へ。途中、モーテルでスペインから来たフィリッペを拾う。フィリッペに韓国戦の結果を聞くが、わからないと言う。どこのチャンネルも放送してない上に、ＣＮＮさえニュースにしないと不満そうだった。さすがアメリカだ。

今回のプログラムはナンシー・ペン・センターで行われる。実にゲートウェイ以来だ。個人的には広々とした牧場にあるナンシー・ペン・センターの方が、山の木々に囲まれたロバーツ・マウンテン・リトリーツより好きだ。共に山のなか（ブルーリッジ山脈のなか）にあることに差はないのだが、ナンシー・ペンは岡の頂上部を切り開いて作った牧場地にあり、1～2キロ先まで見晴らすことができる。

以前から気になっていたことがあったので、この際マイクに聞いてみた。

「ジョン・デンバーのカントリー・ロードという歌にブルーリッジ・マウンテンズが出てくるけど、あれってこの辺のことじゃないの」

マイクが言うには、あの歌に出てくる地名のシャノンドー・リバーもブルーリッジ・マウンテンズも皆、バージニアなのに、なぜかウエスト・バージニアのことになっているとのこと。ジョン・デンバーはコロラド出身だからこの辺には来たことがないんじゃないの、と憤慨しきりであった。

ナンシー・ペンに到着。バンの外は暑い。ただ湿度はそれほど高くない。さっそく係りの女性が部屋に案内してくれた。

今回のCHECユニットは#5。同室はデュアン。皆と1階でしばらく雑談をした後、トレーナーのジョー・ギャレンバーガーによるインテーク・インタビューがあった。ジョーはMC2プログラムを開発した人である。前回のX27のときのトレーナーでもあった。

今回の参加者は20名。そのうち女性は7名。前回X27でいっしょだったルーディと去年ライフラインで同室だったフレッドがいた。知り合いがいるというのは、ほっとする。海外からはスペインからフィリッペ、イギリスからティム、香港からルーディ。ルーディがふたりいるので、それぞれルーディ1、ルーディ2と呼ばれた。

夕食後、最初の全員ミーティングがあった。トレーナーはジョーとキャロルだった。まず例によって自己紹介。それぞれこのプログラムに参加する理由と、このグループに何を寄与できるか、グループから何を得られるかについて考えを述べる。

次いでジョーからプログラムの目的、歴史的背景、概要についての説明があった。目的は、ハート（愛情）のエネルギーの一番高いレベルに開くことで、生命エネルギーの創造的な、具現化する側面と深く交わり、一体化すること。よくわからないが、宇宙に満ち満ちている愛情いっぱいの生命エネルギーと一体化できれば、創造したり思いを具現化できるということらしい。

ということで、具体的にどうするのか、その階梯の説明があった。ここには一部のみ掲載する。まず体内のエネルギーの流れの障壁を除き、エネルギーを高める。次に意識が拡大した状態（Expanded）にありながら同時に地上にしっかり根づいている（Grounded）状態になる。そして生命力の増大を歓迎する。Abundance（満ち溢れた状態）が自分に流れ込み、自分を通り抜け、自分に、すべてに恵みを授けるようにする。Abundance が Source（源）を通ってやってきて、内在し、超越することを直接体験する。我々はひとつであることを把握し愛に生きる。ということである。はっきり言ってよくわからない。

今回のプログラムでは、ヒーリング・サークルというのを適宜、行なうという。まず全員で輪になって座る。中央にひとりずつ座り（あるいは寝転び）、全員が中央の人へヒーリング・パワーを送る。毎日3人ずつこれを行なう。最初の人（アレックス）のときにエネルギーを送っていると、人の位置に次第に薄青色の円筒状のものが見えてきた。ちょうど蛍光灯のように光っている。中央が宝石のように輝いているのが見えた。他の人ではこのようなことは起こらなかった。エネルギーの流れ具合によるのだろうか。

サイコロ投げの実験

2日目の夕食後、いよいよ最初の念力実験だ。デービッド・フランシス・ホールに全員集合し、サイコロ投げで念力の実験をする。

ルールはひとり10回、2個のサイコロを振る。2個の合計があらかじめ決めた自分のターゲット（2から12まで）と一致すれば25点、ふたつが同じ目なら10点、それ以外は1点もらえる。ふたつの目の合計は確率上、7が最も出やすく（6通り）、2と12が最も出にくい（1通り）。ここではPKは確率に無関係ということで、どのターゲットでも当たれば25点もらえることになっている。

気分を盛り上げてハッピーでハイな感じにし、ハートチャクラを開く状態にするのがいいということ。各自の好きな曲をバックグランドで流したり、皆で太鼓をたたいたり、ディスコの曲を流して踊ったりと、お祭り気分のなかでやった。

笑ってしまったのは、香港のルーディのとき。フィリッペとデュアンを呼んで両側に並ばせると、何と「Lick my ass!」（おれのお尻をなめて！）と言ったのだ。少なくとも皆そう聞いた。全員、唖然とした顔で、どうしたもんかと思っていると、ルーディが繰り返した。「Lift me up!」（おれを持ち上げて！）

皆が大笑いになり、ルーディだけがひとり、何のことかとポカーンとしていた。中国人の発音は後ろの子音が消えるから、こういうことになる。

ところで今夜の最高得点はボブで、101点。わたしは2をねらったためもあるが、すべてだめで10点。確率的にはもっと高い点になっていい。ここまで悪いと、逆にネガティブな念力が作用していると考えた方がよさそうだ。心のなかでPKに対する疑いが強く、どうせだめだろうと深層心理で思っているために、それが具現化しているのだ。その可能性はある。これはグッドニュースだ。ネガティブだろうが何だろうが、念力ができたということだから、とポジティブに考えることにする。

フォーカス11とコア・ソース

6月24日（火）の最初のセッションはフォーカス11へ行き、アクセス・チャンネルを開き、コア・ソースにアクセスするというもの。フォーカス11はフォーカス10の少し上の11という意味ではなく、別の状態（番号は任意）である。自分の肉体、意識、無意識（サブコンシャス）、高次の自我までが一列に並び、すべての自分にアクセスできると言う。催眠術で暗示をかけられる状態に近いとのこと。

アクセス・チャンネルを開き、全自己とコミュニケートし、物質、非物質の自己のすべてに感謝する。コア・ソースとは何かについての説明はなかった。宇宙の生命エネルギー・愛の源ということか。一列に並んだ自己の最上部にいる存在なのか。

フォーカス11へ行く。アクセス・チャンネルを開く。何か自分を上下に貫く線状のものがある。それは自分のはるか上まで続いている。サンマの開きみたいに開かれた感じがする。音がどんどん高音になって、どんどん上の方に上がっていく感じがする。音声ガイダンスが何か質問をするように指示。これから会うコア・ソースとは何かと何回も聞きながら上がっていく。

次に気がつくと暗い金色の部屋のようななかにいた。自分の今来た道を見せてもらう。下の方に何本も数珠《じゅず》のような筋がうねって見える。

しばらくコア・ソースとコンタクトしようとするが、なにもない。そうだ言葉じゃなくて、別の方法でコンタクトしないといけないんだっけ。突然、乳白色のドームのなかにいるのが見える。目の前に何かグロテスクな存在がいる。骸骨の骨格みたいな。何だろうか。これがコア・ソースなのだろうか。

「ついに会うことができて嬉しい」

コア・ソースが確かにそう言った。

「？？」

驚いて「Who are you？（あなたは誰？）」と聞いた。

「It is not important.（それは重要ではない）」

という返事だ。これがコア・ソースなのか。その存在は、わたしに寄って来て、体のなかにほとんど入ってしまった。手のようなもので胸を上下にスキャンして、何かを剥ぎ取ろうとしている感じだ。ハートのエネルギーの流れの悪いところを治しているのか。

背景の音が下がり始め、存在は消えた。Ｃ１へ戻る。

いったい今のは誰、あるいは何だったのだろうか。コア・ソースって愛の源のことか。それにしてもちょっと気味が悪かった。以前ライフラインだったかフォーカス10で、灰色で透明のエンティティー（存在）が10メートルぐらい上空からこちらを見ているのが見えた。はじめは聖母のような白人女性の顔に見えたのが、ちょっと怖いと思ったら、瞬間的にグロテスクな顔に変わってしまった。

このとき、ガイドが「自分自身の恐怖がこう見せているのだ」と言った。今回、コア・ソースがグロテスクな存在に見えたのは、得体の知れないものに対する潜在的な恐怖心からだろうか。

フォーカス11でアクセス・チャンネルを開くという体験を今回初めてしたが、はるか上の方まで自分がつながっている感じがした。その上の上の方にいるコア・ソースから溢れんばかりの愛情を注入された状態になれば、思いや希望を具現化し、念力が発揮できるのだろうか。今回はそういう状態には至らなかった。

ヒーリング・サークル

今までヒーリング・エネルギーを送る際に、エネルギーを自分の頭のてっぺんからアーチ状に流し、中央にいる人のハートを通り、地面に入って自分の下から体内に戻るようなサークルを描いていた。ライフラインのときにそういうエネルギーの流れが見えたからだ。

今回は額の目を通してエネルギーを送ってみた。エネルギーは頭の裏側から頭を突きぬけて額の目から出る。すると、ビーム状にエネルギーが流れるのが見え、中央にいる人の上で当たった部分がダイヤモンドみたいに小さく輝くのが見えた。当たる場所を動かすと、輝く部分も動いていく。人によって差があり、フィリッペでは青に輝いた。次の女性でははじめ緑、次いで青。また反対側に座っているジョーに当ててみると、彼の額が宝石のように大きく輝いた。

次のヒーリング・サークルの機会にも額からエネルギーを送る。輝きの色が人によって違う。うまく輝かない人もいる。キャロルは緑に輝いた。向かいに座っているジョーを見て驚いた。額のあたりに大きなダイヤモンドが黄色く輝いている。縦に上下に輝線が伸びている。さらに虹色の円（やや楕円か）が3重に体を取り巻いているのだ。外側の円は直径3メートルぐらい。宗教上の聖人の絵みたいだ。これってオーラが見えているのだろうか。目を開けると見えないが、目を閉じるとはっきり見える。

この後のミーティングでこの話をしたら、ジョー曰く「やっと、ぼくの真の姿がわかったかい？」とのことだった。

夕食後、全員でふたつの実験をした。

①スプーン曲げの実験

いよいよ待ちに待ったスプーン曲げの実験になった。ジョーが運んできたスプーンやフォークの山のなかから各自好きなのを選ぶ。わたしはできるだけ太くて力では曲げにくそうなのをふたつ選んだ。曲げるにはいろいろな方法があるということで、まず気合を入れて「曲がれ」と大声を出して、曲げる方法を全員で試みる。1分もしないうちにフィリッペが曲げることができた。

次いで、スプーンと一体になる方法。この方法や各自好きな方法で試す。あちこちで「できた」という声が上がり、10分もしないうちに3割から4割の人ができた。なかにはスプーンをなでているだけで、上向きにどんどん曲がっていった人もいる。単なる曲げではなく、スプーンの軸のまわりに1回転ひねった人もいた。これはどんな力持ちでも不可能だ。フォークの先をバナナの皮をむくように四方に広げてしまった人もいる。

わたしの場合は、軽く曲げる力を加えていると、ある時やけに柔らかく感じられてそのまま力を加えたら簡単に180度曲がってしまった。かなり太いフォークなので普通なら曲がらないように思える。家に帰って厚さを測ったら2・2ミリあった。

ただ本当に力任せにしたら曲がらないかというと、そんなことはないと思う。個人的には、箸とか木の棒を曲げられたら完全に信じるが、どうして皆、金属のものしか試さないのだろうか。この疑問をジョーにぶつけてみたら、木の棒で試した人はいないが、ガラスを曲げた人はいるとのことだった。

②蛍光灯を光らせる実験

次は、真っ暗にした部屋で、リング状の蛍光灯を軽くたたくことで一瞬光らせる実験。ガスに衝撃を与えて光らせているとか、静電気だとか、単なる物理現象だと言う人もいる。

一方の手でリングを持ち、もう一方の手でたたく。はじめはうまく光らないが、そのうちパッ、パッと光るようになる。ほとんどの人ができるようになったと思う。わたしの場合はけっこう簡単で、手を開いてバシバシたたいたら、すごく明るく光った。手を電気が走っているのが感じられた。

どうも単なる物理現象のような気もする。ただ、ジョーに言わせれば、初めはすぐにはできないし、できる人前でやろうとするとできなかったり、憂鬱で疲労困憊のときにはできないとか、精神状態に敏感に依存しているので、何らかの形で霊的エネルギーと関連しているのではないかとのことだった。

仏とは

6月26日（水）、朝6時すぎ、目が覚めた。モンロー研に来ると朝方はガイドとの交信が簡単なので、交信することにする。ただ交信を始める前に、本当に交信しているのか、ガイドから何らかのサインがほしい。ちょっと待っていると左の上の方が明るくなり、光り出した。今後これをガイドが来たことのサインとする。

「わたしはいつでも交信可能だ。光が見えないのはあなたの方が閉ざしているからだ」

「ということは、光が見えるようになるかどうかはこちらの問題ということか」

「そうだ。心が開いているかどうかだ。心あるいは額の目を開けたり閉じたり自由にできるようになるのが好ましい」

「この機会に聞こうと思っていたことがある。わかっていると思うけど」

「わかっているけど、考えを整理する意味で、言ってみなさい」

「仏とは何か」

「歴史上の実在した仏か」

「いや、釈迦のことではない」

「仏とは、すべての源、根本、根元、英語ではSourceのことを言う。宇宙のすべてを存在させている元である。我々も宇宙も仏の一部であり、その表出である。ただ我々はそのことを意識できていない。我々は個体として完全に分離して存在していると思っている。実は細い意識の糸でみな仏とつながっているのだ。意識を少し上へ高次の段階へ上がっていくと、モンローの言うところのI/Thereクラスター（向こうの自己の集合体）とのつながりが認識されるようになる。あなたがガイドと呼ぶ存在たちは、この段階の意識である」

「フォーカス27であったＣＩ（フォーカス27を管理運営する知的存在）は、どういう位置づけになるのか」

「ガイドたちよりさらに高次の意識であり、この段階になると個体として存在していると考えることも可能だが、源との意識のつながりが強いため、そのひとつの表出と考えることもできる」

「歴史上の仏もそうか」

「そうだ」

「浄土真宗で言うところの信心決定（しんじんけつじょう）、つまり阿弥陀仏の救いに会い、仏のひとつ下の段階に仏の力（他力）で一瞬で至らせていただくというのは、どういうふうに理解すればいいのか」

「浄土系以外の仏教では、本人の認識としては自分の力（自力）で意識の階梯をひとつひとつ登って行き、最後に源との合一を目指している。実は自分の力と思っているが、ガイドなどの助けはある。浄土系では仏の力によって一挙にモンローやブルース・モーエンの言うところのGraduateの段階（人間を卒業し輪廻しない段階）に達するのを目的とする。これを浄土真宗では信心決定と呼ぶ。ブルースの本に出てきたように、Unconditional Love（無条件の愛）をガイド経由で源から受け取る体験である」

2回目のサイコロ投げの実験

今回はターゲット（目の合計）を6としてやったところ、6になったのが2回、同じ目が2回出て、点数は76点だった。リッキー・マーティンの曲をガンガンかけて、ノリノリでやったのが功を奏したのか。ハートを開き、ポジティブに考えて、ハイな感じでやるのがコツみたいだ。

テッドによるチャネリング・セッション

6月26日の夜、参加者のひとりのテッドがチャネリングをやった。チャネリングとは、高次の意識存在がチャネラー（媒体）と呼ばれる人の口を借りて話し、われわれにさまざまな情報を提供することをいう。

チャネラーは眠ったような状態（トランス状態と呼ばれる）にあり、そのあいだのことは、あとでまったく覚えていない。今回行なったものはConscious Channelingと呼ばれるもので、通常のチャネリングと異なりテッド自身の意識ははっきりある。高次の存在がテッドの体を媒体として種々の知識をわれわれに与えてくれる。途中から参加したので、前半は聞きのがしてしまった。質問に答えるという形をとっていた。はじめのうちは、今後の世界情勢について話していたが、そのうちみな順番に、自分の過去世を見てもらった。わたしの過去世はこうだったという。

「アメリカの先住民であったことが何回もある。スー族のウォリアー（戦士）だった。また、アフリカ北部の人生も多い（ターバンを巻きキャラバンで砂漠を移動している姿。ただ北アフリカのサハラ砂漠かどうかはわからない、アラビアでもいい）。

中央アジア、モンゴルでも何回も人生を送った。ウォリアーのリーダーだったこともある。馬に乗り、弓、槍を扱っている姿が何度も見える。アメリカ先住民だったときも同様に、馬に乗り弓や槍を持って走っている。バッファローの群れを追っている。

アメリカのモンロー研など、ニュー・エイジの新しいスピリチュアルなアイデアを、日本へ持っていき広めることが重要だ。アジアが常にスピリチュアルな面で世界を引っ張ってきている。アメリカは実験の場所で、新しいアイデアが生まれるが、それをアジアで改良し完成する。アジアの人々はスピリチュアルな面で進んでいる。アメリカにはかなり遅れた人が多い。

あなたは、テッドと同じ能力がある。つまりチャネリングを行ないたいと思うなら、好きな色を選び、それが全身を覆うように、イメージすればよい。そうすれば、この同じ高次のエネルギー存在が、あなたを媒体としてチャネリングを行なえるだろう」

テッドによれば、このイエズーという高次のエネルギー存在は、テッドの頭の上から彼のなかに入り、徐々に広がっていって足先までいき、さらにまわりに50センチぐらい広がるという。この名前は彼の個人的な呼び名だということだ。

この存在（イエズー）からテッドには、情報がイメージやアイデア、インスピレーションという形で与えられる。それら非言語的情報をテッドが解釈する。

たとえば、わたしの過去世を見た際には、砂漠を行くキャラバン（隊商）が見え、ターバンを巻いた男が見えた。ここからアフリカ北部（サハラ砂漠）で過去世があったと考えたわけで、アラビアでもいいわけだ。

クリエイティブ・フォース

翌6月27日（木）、総括のセッションということで、フォーカス10、12、15、21のそれぞれで自由行動。今まで学んだことをいろいろ試す。フォーカス21ではクリエイティブ・フォース（創造する力）と親密になる。クリエイティブ・フォースって何だろうか。説明はなかった。

フォーカス21、音声ガイダンスがよく聞き取れない。確かセッション前の説明では Commune with Creative Force（クリエイティブ・フォースと親しくする）とかいうことだった。よくわからないが、何が起こるか心を開いて待つことにする。暗いドーム状の部屋に浮いている。すると、目の前2メートルぐらいに青白く光るものが現われた。線香花火みたいにまわりの空間があちこちで青白く光り輝く。何だろうかと思うと、クリエイティブ・フォースだと言う。

「クリエイティブ・フォースって、神か」

「いやいや、違う。宇宙に豊富に存在する創造的な力だ」

すると、それは近寄ってきた。左肩の方に来た。

「合体していいか」

と聞くと、いいと答えるので、手でこちらに引き寄せ胸に入れようとする。直径が15センチぐらいで球形だ。それは、

「胸じゃなくて下の方から入る」

と言うと、わたしのおしりの方へ移動し、第1チャクラのあたりから体内に入った。そのまま、まっすぐ上に上がってきたが、胃の少し下で背骨側まで来ると止まり、

「ここで詰まっちゃった」

と言う。どうなるのかと心配になった。

すると、別の光り輝く存在が目の前に現われた。今度は紫色に輝いている。形は前のと異なっていた。よく思い出せないが、同心円状に幾重にも重なった光の球の集合体という形。直径は10センチぐらい。今度はどうなるのかと思っていると、左足の先から体内に入った。しばらくしてゆっくりと足のなかを上がり、体を通って顔のなか、眉間の奥ぐらいで止まった。次に今度は金色に輝く球が現われた。これは金色の針状のものが四方八方に突き出ている。球の表面がはっきりある。それがへその少し下の部分からゆっくりと体内に入っていった。直径15センチぐらいか。

音声ガイダンスが聞こえる。よく聞き取れないが。この場を離れないといけないのかと思っていると、もうひとつ現われた。

「おーい、待ってくれー。おれも入るんだ」

とか言っている。黄色の風船みたいな形のもの。実際、風船みたいな動きをする。

「手で捕まえて口から体に入れてくれ」

と言っている。左手を伸ばして捕まえようとするが、これがつるっと逃げてなかなか捕まえにくい。やっとのことで捕まえると、口に入れ、飲み込んだ。風船は胸のハートチャクラのあたりに行き、そこに止まった。そうか、風船が膨らむことで、ハートチャクラを広げてくれるのか。音声ガイダンスが聞こえる。

「フォーカス15。貴重な宝石（Precious Jewelry）は、あなたといつもいっしょにいます」

そうか、ここで体内に入ったものが貴重な宝石で、今後ずっといっしょにいてくれるんだ。

クリエイティブ・フォースが言う。

「クリエイティブ・フォースは宇宙に豊富にいくらでもある。皆いくらでも使うことができるのに、それを知らない。あなたもいくらでも使っていい。自分の夢を実現したり、念力として使ったり、自分の願うように未来をつくり出すことができる。ただ、ポジティブな方にもネガティブな方にも使えるから、使う人の責任は大きい。常にポジティブな思考をしてポジティブに使うように」

「クリエイティブ・フォースが4つも体内に入り、ガイドが12人いて、さらにイエズーも来るかもしれないとなると、今後は誰と話したらいいいんだい。かなり混乱するんじゃないのか」

「ぜんぜん心配はいらない。皆ヘルパーで、あなたを喜んでサポートするんだから」

音声ガイダンスが言う。

「フォーカス12。これからあなたはCo-creator（共同創造者）です。いろいろな考えを創出できます」

本当にすばらしい贈り物をありがとう。

次のセッションではフォーカス27へ行き、そこでいろいろなものをつくる実験をする。今まで学んだことを体験する。

いろいろ試してみてわかったのは、つくりたいものを心のなかで言ってから、ちょっと待つのが肝心だということ。たとえばトロピカルの青い海と言って、それ以上何も考えずに２〜３秒待つと、目の前に青い海が右から左にさっと現われた。

今までは、希望のものができかかっても、すぐに別のものが現われて、さらにまた別のものになってしまった。つくりたいものを考え、それを表現し、それ以上考えない。そして待つ。これがコツだとわかった。

こうわかっていろいろ試した。まず白くて丸いガーデンテーブルを思う。すると、目の前にそれが現われた。じゃ、リンゴはどうか。赤いリンゴが現われた。おいしそうに思えたら、いつの間にか、かじっていた。目の前でリンゴが半分になり、４分の１になり、そして消えた。バナナを思うとバナナが現われた。その後いろいろ試したが、家とか大きいものになると、どうも途中で形が変わってしまう。つくりたいのと、ちょっと違うのができる。大きいのは難しいと心のどこかで考えているのか。そういう考えも現出してしまうからだ。

ここに書いた、思いを形にするコツは、何もフォーカス27にのみ当てはまるのではない。この世で何かを実現するときにも当てはまる。実現したいもの・ことを考え、実現したい旨を明らかにし、そしてそれ以上はそれについて考えない。また疑いの心を持たないこと。これがコツだ。

６月28日(金)、朝４時半にモンロー研をバンで出る。スペインに帰るフィリッペもいっしょだ。

同室のデュアンが見送ってくれた。

7時発のワシントン行きの便に乗る。機上から眺めると、雲間に森や畑が静かに広がっている。何ともいえない安らかでなごやかな気持ちに満たされている。

ワシントン・ダレス空港ではビジネスクラスにアップグレードしたので、専用の部屋で待った。柔らかいソファーに深々と腰掛けて目をつぶる。モンロー研で出会った人たちを思い出した。何だか皆、光り輝いていて、透明で軽い光のなかに包まれているようなイメージが浮かんでくる。特にボブはバラ色のオーラに包まれている。気がつくと、自分も周囲50センチぐらいに何かエネルギーというかオーラというか、透明のものが放射しているのが見える。黄色、金色が主で、青、紫が少し見える。非常に軽いエネルギーだ。振動数が高いと言ってもいい。ただ、ところどころ暗い影があり、それはネガティブな心に対応している。不安、否定とか、エゴとかだ。

ふとまわりに注意を向けてちょっと驚いた。何とも言えない重い、濁った、疲れたエネルギーが充満しているのだ。あるいはエゴの塊のような人もいる。自分も放っておくと、このエネルギーを吸い込んでしまう、あるいは振動が同調してしまうような感じがする。

Welcome back to the real world!（ようこそ現実世界へ！）

MC2プログラムで学んだこと

自分の夢を実現したり思いを具現化したりする方法について、少なくとも頭では理解できた。それはこうだ。

フォーカス11でアクセス・チャンネルを開き、すべての自分（高次の自己から細胞レベルまで）にアクセスする。そしてはるか上のコア・ソース（愛の源、すべての元）にアクセスし、それと一体化する。自分はすべてと一体であり、実現したいもの・ことと一体であると感じられる。こういう状態になれば思いを具現化できる。念力もできるし、ヒーリングもできる。

ジョーの体験ではこの状態になると、物質が透けて見えたり、天使の歌声が聞こえたりするとのことだ。ただ、わたしはハートでのエネルギーの流れが悪いためか、こういった状態に達することはなかった。

第十二章　救出活動

2002年7月12日（金）　食べすぎの女

午前10時少し前からライフラインでもらったテープを聞く。

　フォーカス15でウトウトしたら、目の前に直径30センチぐらいの鍋があり、ごった煮が入っている。いつの間にか、左手に持ったお椀に、盛りつけていた。

　27に着いた。自分のビーチへ行く。白いテーブルとパラソルをつくり、ガイドたちを招待する。何人か来たような感じ。またほんの一瞬ウトウトしたら、サラダが山盛りになったボールを渡されていた。何でさっきから食べ物ばかりもらうのか。

　救出活動にガイドといっしょに行きたい旨を告げる。

　暗くなる。真っ暗ななかでしばらく待つことにする。すると、ぼんやりとした光の塊が目の前を右から左へ移動していった。ソファーのような形をしている。目の前でゆらゆら揺れている。

よくフォーカス23で、光の塊のようなものが、真っ暗な空間に浮いているのを見ることがある。近寄ってみると、そのなかに景色が見え、さらになかに入ると、ひとつの小さな世界が広がっている。そこはそこに囚われている人の思いが、つくり出した世界なのだ。

今回はソファーかと思っていると、ガイドの声。

「よく見てごらん」

じっと見る。家という印象。なかへ入った。黒い絨毯が敷いてある。はっきりした白い模様がある。ソファーなどの家具が見える。人はいないのだろうか。目を別の方向へ動かすと、台所に人影が見える。冷蔵庫を開けているようすだ。妊婦か。いや、太った女性だ。ものすごく太っている。腰のあたりが直径で1メートル以上ありそうだ。足首までのスカートをはいている。

「食べないと死んじゃうから」と言う。印象として、前世で餓死したのか。

「食べたので寝る」と言って、ベッドに入った。しばらくして声をかける。

「名前は何ですか？」

メアリーと言ったかもしれない。よくわからない。

女性は起き上がって、冷蔵庫に行き、また食べはじめた。

「ここは狭いけど、もっと広くていいところを知ってますよ。食べ放題だし」

女性は興味を示した。

「いっしょに行きませんか？」

「行きたい」と言う。

ただ、どうやってここから出るかだ。太っていてとても飛べそうにないし。ま、いいか、いつもの手で行くか。

「いっしょに飛び上がれますか？」

女性はそんなのはわけないと言う。風船みたいに軽いからとのこと。何となく納得する。

いっしょに上に上がる。天井をつきぬけ、あっという間に空に上がった。さっきの女性は上のほうにいて、どんどん上がっていく。何となく、ビア樽みたいな形の存在になった。空は暗くなった。早く着かないかと、少し心配していると、女性はなにか言ったか？　と、聞いてきた。

「いや、早く着かないかなと言っただけですよ」

すると、前方に紫色の通路と、その先に白い洋館が見えてきた。ホワイトハウスみたいな形をしている。通路の両脇は暗い。女性はなかに入ったのか消えた。

「なかに入って見ていいかな？」とガイドに聞く。ＯＫとのこと。なかへ入る。

このあたりで音声ガイダンスがフォーカス21へ帰るように指示する。まだ帰れないと思い、ヘッドフォンをはずして先をつづける。

なかはビクトリア調の室内。少し部屋のなかを見てまわった。白い壁紙に花柄がついている。女性はどんどん奥へ入って行く。あとに何人かの人がついていく。追いかけていくと、広い部屋に出た。白い壁、白木のような明るい床が見える。女性はテーブルについて、さっそく食べはじめていた。ついてきた男性がひとり、着席して食べはじめた。

「ここでは、いくらでも食べていいんですよ」

と男性が言った。女性は食べることに罪の意識を持っていたらしい。男性もたくさん食べることで、ここでは食べても問題ないことを示そうとしていた。

隣の部屋のほうに行き、ガイドにもう帰っていいか聞く。

「よくできた。もういいですよ」

ヘッドフォンをつけると、ちょうどフォーカス18のあたりだった。音声ガイダンスに従いC1へ帰還。

2002年7月13日（土）　航空機事故

午後2時45分からX27でもらったテープを聞く。

27に着いた。はっきり見えないがガイドが何人かいる。救出活動をしたいと思う。1週間ほど前に、ロシアの旅客機とスイスの貨物機が衝突、墜落したことを思い出した。大勢の子どもたちを、一度に救出できるだろうかと考えていると、緑色の草地を前方へ移動している。

白い残骸のようなものがところどころ散らばっている。ある場所に来て止まった。

気がつくと小さな子どもを抱き上げていた。いつの間にか、目の前に子どもが集まってきた。わたしの手元から綱のようなものが向こうに延びていて、その両脇に子どもたちが、綱引きみたいに並びはじめた。綱は長さが数十メートル以上ある。どうなるのかと見ていると、綱は向こう端のほうから上空に持ち上がって、子どもたちを次々と空に放り投げた。気がつくと子どもたちといっしょにジェットコースターのようなものに乗っていて、線路の上を走っている。はるか上空にいる。コースが頂上に達するころに、前方に次のコースが見えてきた。それは、いま乗っているコースがひとつの大きな円形のギアだとすると、それに組み合わさるようにして上方にある。ギアとギアがかみ合わさるところが近づいてきたので、どうなることかと気をもんでいると、いつの間にか次のコースに乗っていた。こういうふうにいくつもコースを乗り継いで行く。子どもたちはいままでに体験したことのない、新しいジェットコースターなので、大いにはしゃいでいるようだ。

最後に頂上に達した。そこはまわりが真っ暗な宇宙空間だった。それ以上コースはない。どうなるのかと思っていると、いつのまにか、三角翼の宇宙船に乗っていた。

しばらく行くと、目の前に着陸用ポートが見えてきた。中央が赤、両脇に金色に光るラインが二重にある。ラインのところどころが丸く光っている。金色のアーケード状の入り口が見える。そのままなかへ入る。中央の赤い道は、動く歩道になっていて、そのままどんどんなかへ入って行く。

なかは広間になっていた。そこはまるでディズニーランドだった。たくさんの色とりどりの衣装をまとった人がいる。ぬいぐるみ、みたいな人もいる。いろいろなゲームがある。色は赤と金色が主だが、黒やそのほかの色もある。何人もの人が、知り合いを見つけたのか、抱き合っている。その場は喜びと感動に満ちあふれていた。しばらくその場にいて、ようすを見た。ガイドさんたち、どうもありがとう。音声ガイダンスに従いC1へ帰還。

子どもたちの興味を引きつけたまま、いつの間にかフォーカス27まで連れて行く今回の方法（もちろんガイドやヘルパーたちが、つくり出したものだが）は、すばらしい。

2002年9月30日（月）　ガイドの過去世

午前10時20分からX27でもらったテープを聞く。

27に着いた。ガイドさんの人生ってどんなだったんだろうか？　と思いながら、ちょっとウトウトする。すると中世ヨーロッパみたいな町並みが見え、女性の声が、オランダで綱渡りをしていたと言った。はっと我に帰り、いま言われたことは本当なのかと思い、ガイドとさらに交信を試みる。

「オランダというと、前に救出した海賊は、あなたの兄だったように感じますが、そうですか？」

「そうです。兄です。わたしの一家は中流家庭だったんですが、父が事業に失敗し、兄は船員になり、わたしは母とふたりで暮らすようになりました。生活をするために、わたしは綱渡りの仕事をしました。サーカスみたいなものです。屋根と屋根のあいだに綱を張って、その上を歩くのです。そんなにむずかしいことはありません。しばらくして、いい人と巡り合い結婚しました。その後は幸せに暮らしました。ただ兄のことが気になっていました。まったく消息不明になったからです。助けてくれて感謝しています」

「綱渡りなんて、とてもできそうにない」

「たぶんできると思いますよ。バランス感覚はいいはずだから」

「そうかな。兄の名前はピーター・シュナイダーだったけど、あなたは？」

「ユリア・シュナイダー。何年も前に明晰夢のなかで、ヨーロッパの家の屋根の端にしがみついていたのを見ましたよね。あれはこのときの記憶の変形なんです」

「この会話、いまいちうまく把握できないんだけど」

「まだ心が開いていないので、うまくいかないようだけど、今後うまくいくようになったら、きっとわかるようになります」

音声ガイダンスに従いＣ１へ帰還。

第十三章　トータル・セルフとの邂逅——ハートライン・プログラム

ペニーとの約束

X27・プログラムに参加した際、ガイドからハートでのエネルギーの流れが悪いと言われた。そこで、そのときのトレーナーだったペニーに相談したところ、それならハートライン・プログラムが最適だとのことだった。ハートラインは愛情がより自由に完全に表現されるよう、心の障壁を取り除くためのプログラム、ということだった。

ただ、モンロー研のホームページで、このプログラムに参加した人たちの感想をみると、何だかみんな、かなり涙を流すようで、はたして自分としてそこまでの心の準備ができているか、自信がなかった。そのためペニーから勧められてはいたが、先延ばしにしていた。それがMC2プログラムを取り、やはりハートが開いていないことにはどうにもならないと思うようになり、

２００２年の10月中旬、ついに参加することにした。

やっと心の準備ができたというか、時節到来したという感じだった。参加してみて、やはり涙なしにはすごせない１週間だった。それは心の表にある苦しみや、奥深くしまい込んでいた古い傷に対面することになるからである。

３連休の初日、しかも秋晴れなので、日本をはなれるのが、もったいないような気がする10月12日、出発。成田はいつにも増して込んでいた。行きの便は１００％の搭乗率。１年前のテロ直後に20％程度だったことがうそのようだ。ただワシントン・ダレス空港の警備は厳重だった。ワシントン近辺、これから行くバージニアでは、ちょうどライフルによる連続狙撃事件が起こっている。少し不安がある。

シャーロッツビルから例によって出迎えのマイクのバンで一路モンロー研へ。１年半前ゲートウェイで参加者のひとりだったケンと、今回もいっしょになった。あのときからずいぶん多くの体験を重ねてきたものだ。

このあたりは、今年の夏は雨がほとんど降らなかったそうだ。数週間前になって、やっと少し降り出し、ここにきて草木が緑を取りもどしたという。きょうは曇り。20度弱か。東京とほぼ同じ気温だが少し湿っぽい。

道すがら、モンロー研の最新情報について、マイクに聞いてみた。来年からタイムラインという、過去世体験を主眼にしたプログラムが、はじまるということ。それから２回目のX27・プログラムをとった際にトレーナーだったフランシーンが、新しいプログラムを開発中で、フォーカス49まで行くという。

3時すぎナンシー・ペン・センターに着く。ロバーツ・マウンテン・リトリーツで行なうはずだったが、山の上は水不足のため急遽、こちらに替えたとのこと。すぐにバーバラに部屋に案内された。CHECユニット#5。前回のMC2と同じだ。参加人数の関係から同室者なし。下でジュースを飲んでいると、今回のトレーナーのペニーとキャレンが降りて来た。ふたりにハグされる。すぐにキャレンのインテーク・インタビュー（受け入れ面接）があった。このプログラムに参加した理由を聞かれた。以前ガイドに、ハートでのエネルギーの流れが悪いと言われたことなど話した。

夕方、全員ミーティングがあった。まず例によって自己紹介。自分の名前に同じイニシャルの単語をつけて紹介する。ミッキー・マースと言ったら受けた（自分の名前が英語でmasマースだから）。参加者は18名。男性が5名しかいない。ハートとか愛とかいうのは、あまり男性の興味をひかないのか？　女性が多いというのは、あとで少し問題になった。みんな話し好きなため、ミーティングがなかなか終わらないのだ。途中、予定していたセッションをひとつ削るはめになった。

トレーナーのふたりから、このプログラムについての簡単な説明があった。ほかのプログラムでは、体外離脱という言葉で象徴されるように、自分の外へ向かうが、ハートラインでは自分の内側に向かう。この1週間は自分発見の週になるとのこと。プログラムについての説明は極めて簡単で、詳細は逐次説明するということらしい。

翌10月13日（日）、きょうは1日、フォーカス21までの復習をする。

午後、最後のセッションはフォーカス21でガイドに会うというものだった。21に着く。緑の草原が見える。ガイドに会おうと思う。崖の上に石がいくつも並んでいるのが見える。こけしのような形をしていて、高さはさまざま。まさか、これがガイドたちなの？　音声ガイダンスがガイドに会うよう指示。暗い平原に石がいくつも立っているのが見える。


一部がサークル状になってストーンヘンジ（イギリス南部にある古代の巨石遺跡）みたいだ。なにか違うように思えて、もう一度聞くが、同じものが見える。どうも受け入れがたい。少し頭に来た。期待していた形とはあまりに違うので、ちょっと疑問に思う。ただ期待通りの姿で現われるより石のほうがガイドたちのやりそうな感じなのでいいか。ちょっと笑ってしまった。ストーンヘンジってもしかしたら古代人が見たガイドを表したものなのか？

夕食後のミーティングで、石が出てきたことを話した。キャレンがコメントしてくれた。あまり先入観で判断しないほうがいい。ポジティブに解釈すること。また感謝の気持ちを忘れないようにとのことだった。わたしはどうしても、論理的整合性という観点から物事を見てしまう。石がガイドじゃ、どうも変だと思ってしまう。こうした先入観は捨てねばならない。そのことに気づかせるために石という形で現われたのだろうか？

7つのチャクラ

次いで、人間に備わっている7つのチャクラについての、簡単な説明があった。チャクラとは、生命エネルギーの流れを調整する、バルブのようなものである。


第1（基底）のチャクラ……生存欲、安全、防衛。

第2（仙骨）のチャクラ……セックス、創造性、自信、インナーチャイルド。

第3（太陽神経叢）のチャクラ……知恵、個人的な力、理性、アイデンティティ、エゴ。

第4（ハート）のチャクラ……愛、同情。

第5（のど）のチャクラ……自己表現、コミュニケーション。

第6（第3の目）のチャクラ……直感、霊的把握。

第7（クラウン・宝冠）のチャクラ……霊的な気づき、知っていること。

ここからは体外にある。

第8のチャクラ……頭の上30センチほどのところ。


その後、チャクラ・ダンスというのをやった。曲に合わせて、各自が思い思いに踊る。曲は各チャクラを活性化するようにアレンジしたものである。

肉体の各部をほぐすことが、エネルギーの流れを改善するのに効果がある。どんな踊り方でもかまわない。そのなかに没頭する。いままで知らなかったが、踊りに没頭し体を使って表現するというのは、その心境なりに、のめり込むという効果がある。

ハートのチャクラを活性化する曲に合わせて踊っていると思わず涙が出てきた。途中で外に出た。ひんやりとした秋の夜の空気が、ほてった体を冷やしてくれた。上弦の月が南天に輝き、澄んだ空に満天の星が光っていた。西には白鳥座と琴座が、ひときわ明るく白く輝いている。

第3の目のチャクラの曲では、静かに立ったまま瞑想し、澄んだ月の光が、額を通り抜けていくようにイメージした。さわやかで心地よかった。

翌10月14日（月）、朝7時前に起き、日の出前の散歩。快晴で肌寒い。おそらく7、8度ぐらいだろう。牧場まで歩き、牛を見る。牛たちは草を食べるのに夢中で、こちらには目もくれない。

朝1回目のセッションでは、フォーカス12で音声ガイダンスに従い、ガイドの手助けのもと、チャクラをひとつずつ感じたり、見たりする。

フォーカス12に着く。ガイドに来てもらう。足のあたりに、ひとりいるのが感じられる。もうひとり左にいる。ガイドの存在の感覚を思い出した。非常にかすかだ。普通なら気がつかないかもしれない。でも注意していればわかる。

「ここにもいるわよ」

女性が頭の上のほうで言った。音声ガイダンスに従い、チャクラを順に見せてもらった。

まず基底のチャクラ。透明の球が見える。内部に水色の光が輝いている。変化している。

第2のチャクラ。黄緑色の光のパターンが見える。蝶のような形になったり動きまわったり。

第3のチャクラ。黒い背景に金色のパターンが動いている。

第4のハートのチャクラ。黄緑色の光のパターン。動いている。

第5の喉のチャクラ。紫色、金色の光のパターンが動いている。

第6の額のチャクラ。とくになにも見えないが、眉間がどんどんむずがゆくなってくる。

そして眉間のまわりに虹の輪が同心円状に見える。背骨を上下にエネルギーが流れはじめる。

それに合わせて頭が前後に振動しはじめた。

次いで第7のクラウン・チャクラ。振動が大きくなった。背骨をエネルギーが上下し、頭が振動する。勝手に動いている。

頭のてっぺんの上30センチほどの第8のチャクラ。腰のあたりが前後に震動し出す。手が上下する。脚が動く。振動が全身にまわった。頭も上下する。背骨をエネルギーがずっと上下している。光のトンネル内に寝そべっているのが見える。

最後に、白い光の線が頭のてっぺんから背骨を通って、そのままずっと地球の内部につながっているのが見える。地球は透明だ。上のほうは、はるか上のほうにつながっている。

今回の体験は、ガイドたちがエネルギーの流れをよくしてくれたのだと思う。エネルギーが背骨を上下しても、とくに痛みとか苦痛はなかった。軽くエクササイズをしたあとのような、すっきりした感じがする。

セッション後、ミーティングがあった。

キャレンによると、ガイドは、はじめはいつもある特定の姿で現われる。たとえばフードつきのガウンを着ている人だったりする。ただ顔を見ようとフードをどけても、そこにはなにもないことが多い。名前を聞いても、名前はないと言われることが多い。

ある特定の姿や名前をとると、それに制約されてしまうので避けている。ガイドとの交信がうまくいくようになると、そのうちガイドはその存在が感じられるだけになる。さらに信頼関係ができると、感じられることすら不必要になる。

子ども時代へ

次のセッションでは、フォーカス15で、ガイドの手助けのもと、自分の子どものときに、愛されなかったり、誤解されたり、困ったりしているときの自分を見せてもらう。その子を抱きしめ、愛してあげる。次に、母親が子どものときで、同じ状態にあるときにもどり、抱きしめる。次いで父親で同様のことをする。

フォーカス15に着いた。その後、いろいろ試すが、自分の子どものときには行けなかった。

自分の子どものときの姿が見えなかった。母、父ともに同じ。自分の内部でこれをすることを妨げている部分があれば、もうその必要はないから、子どものときの自分に会わせてくれとお願いしたが、だめだ。まだ自分としてその状態ではないのか。ガイドに聞いたが答えはなし。非常にがっかりした。

次のセッションはフォーカス21で自由行動というもの。

さっきのセッションで、自分の子ども時代の姿を見ることができなかったので、もう一度チャレンジすることにした。

自分の子どものときの姿を見せてくれるようガイドにお願いする。まったくなにも起こらないので、今度はその理由を聞く。答えなし。そのうち、少し眠ってはガイドに聞くということを何回か繰り返した。答えは得られなかった。

しばらくして、ハートのあたりが、うっすらと白く光っているのに気がついた。あごを引いて見てみると、ぼーっと半球状に白く光っている。そしてハートがつかえたように痛い。ガイドに聞くと、ハートの結晶が光っているのだとのこと。そういえば、以前フォーカス27のモンロー研にある結晶から「わたしも結晶だが、あなたも結晶だ」と言われたことを思い出した。

ガイドによれば、ハートの結晶の振動数を上げる作業をしているのだという。気づかれないようにやっていたが、気づかれたので言うとのこと。どうも、こちらに知られずにやろうとしていたらしい。ハートの部分が上下に震動する。そのままセッションの終わりまでつづいた。

セッションのあと、シャワーを浴びているときに、自分の子ども時代の姿を見られなかったのはなぜかと考えていると、ガイドが話しかけてきた。

「いろいろなことに対して、先入観を持っているのを治すのが、このプログラムの目的のひとつでもある。さっきのセッションで、音声ガイダンスは、自分の子ども時代の姿を見せてもらうようにと指示したけど、文字どおり見るのではなくて、子どものときの悲しかったことを単に思い出すだけかもしれない。そういう可能性も受け入れるようにしたほうがいい」

そう言えば、さっき、子どものときのいやだったことを、少し思い出しはじめてはいた。ただ、子どものときの自分の姿を見ることにばかり注意が行ってしまっていた。あのまま思い出していけばうまくいったのかもしれない。

「このセッションはこういうふうになるべきだという先入観を捨てて、さまざまな可能性に対してオープンになるように。そうすれば、起こっていることが観察できるはずだ」

この前のセッションも、もしかしたらはじめからオープンな気持ちでいれば、もっと前にハートでの振動や光に気がついていたのかもしれない。

翌10月15日（火）、朝4時ごろ目が覚める。

ベッドのなかで瞑想する。自分の抱えている精神的な問題について整理してみた。

まず表面的にはあんまり問題はないと思えるが、一層下には2種類ある。ひとつは、ここ30年間の仕事に関するもので、さまざまな場面で自分のやったことに対する悔やみ。もうひとつは、ずっと古いもの。4、5歳ごろから抱えている問題。人前に出ることの恐怖。人と会うことの恐怖。これはその根元に、母親からはなれることの恐怖がある。よく家族に言われたのは、政道はいつもお母さんのスカートの端をつかんでいて放さなかったということだ。

母親から一時もはなれてはすごせなかった。小学校に行く前のこと、覚えているのは、ひとりで床屋にも行けなかったことだ（幼稚園にはもちろん行ってない）。小学校に行くのが、行きはじめるまで不安だった。行きはじめたら1週間もしないうちに慣れたが。

この原因がどこにあるのか、これがよくわからない。たぶん、4歳とかもっと小さいときにまで、さかのぼると思う。ガイドと交信しながら、考えてみる。

おそらくこういったことは、なにかの恐怖に根差している。子どものころ、父親がいつもイライラしていて、怒ってばかりいた。子どもたちや母親を些細なことで怒鳴った。子どもながらにいつも震えていた。4、5歳のころから、母が父に怒鳴られると、いつも母を守ろうと思った。これはもしかしたら、もっと小さいときからそうだったのかもしれない。

そうだ！　物心がつく前から母を父から守ろうとしていた。ずっと小さかったときからだ。そうだ。母に抱かれていたとき、いやそのもっと前、母のおなかにいたときからだ。母自身が父を恐れ、母自身を守ろうと思ったその思いが、そのままわたしの思いになったのだ。

原因はわかったが、じゃ、どうやって癒したらいいのか。過去のおなかのなかにいたときの自分や、母親をどう癒すのか。さっきのセッションで教わったように、過去の自分に会い、それを抱きしめて愛情で包んであげるのか。でもおなかのなかの自分になんて会えるのか。ここまでベッドの上に座って書いてきたが、電気を消し、瞑想をつづけることにした。

「過去の出来事を消し去ることはできないが、それがつくった心の傷は消し去ることができる」

「でも、父に怒鳴られるというのは日常的だったから、傷痕は無数にあることになるが、全部を癒しきれるのか？」

「大きなものからやってみよう。おなかのなかにいたときのものから」

「過去にもどるのか？」

「そうだ」

しばらく待つ。

「まだ心がフォーカス15状態になってない」

フォーカス15へ行く。しばらくすると、

「過去を体験する最新の装置を試してみたいですか？」

「ええ。もちろん」

後ろへどんどん移動する。目の前に、スクーターのようなものに乗った人が見える。それといっしょに移動している。

「いまの意識を持ったまま、過去へ行きます」

移動が止まった。一瞬、親指をくわえて体を丸くした、赤ん坊の姿が見える。なにかのなかに浮いている感覚。父親の怒っている声が聞こえる。体がこわばり、縮み込む。しばらくしてほっとしている。リラックスしている。また恐怖に体がこわばっている。

ここでどうやって、この傷を癒したらいいのだろう。抱きしめたらいい。赤ん坊を、自分自身を。

「もう大丈夫だよ」

自分で自分を抱きしめる。少しほっとした。ただこれと同じ体験、傷が無数にあるのだ。ひとつずつ気長に癒していくしかないのか?

眠ろうとしたら、ガイドがまだすることがあると言う。なにをするのかと思っていると、任せなさいと言う。黒いガウンを着た金髪の女性が右前を急ぎ足で歩いていく。そのうち馬に乗って走っていく。追っかけていくと、草原に出た。緑色の丸いものが無数に立っている。なにかの植物のようにも見える。なにかはよくわからない。これって前、どのプログラムだったか忘れたが、過去世に行きたいと思ったときに見たものと同じだ。……このあたりからか眠りに入ってしまい、意識がさまよい出して、はっと気がついて先を見ようとしたが、無理だった。ガイドはなにをしたかったのだろうか。どうも草原で生きていた過去世で、なにか解決しなければならないことが、あるように思える。

7時前に起きて散歩。まだ暗い。昨晩雨が降ったのか、地面が濡れている。寒い。5度以下か。手が冷たくなった。

フォーカス18

朝のミーティングでフォーカス18という、初めて体験する状態について、若干の説明があった。ハート・スペースとも言う。具体的な説明はなく、自分で体験してみろということらしい。このハートライン・プログラムはこのフォーカス・レベルでの体験が主になるとのことだ。

ゲートウェイ・ヴォエッジに参加した際に出てきたのだが、ミラノンという非物質界の知的存在から、モンローはさまざまなことを教わっている。そのなかに意識のレベル（階層）というのがある。ミラノンによれば意識のレベル1～7が植物、8～14が動物、15～21が人間、22～28が物質界と非物質界のあいだのかけ橋、29～35、36～42、43～49が非物質界である。それぞれの階層には、ひとつの色が対応する。

これらは下から青、赤、黄、バラ（ピンク）、緑、紫、白の7色で、階層の一番下の1からこの順に繰り返す。モンローのつくったフォーカス・レベルは、ミラノンの階層とは別のものであるが、15から上は対応していると思われる。ミラノンによれば、18はバラ色（ピンク）である。

次のセッションでさっそくフォーカス18について体験する。

CHECユニットに入り、明かりを消すと、左のほうがやけに明るい。まぶしいぐらいだ。ガイドが来ている。ちょっとほっとする。

18に着いた。とくに色を見ることを期待していなかったが、ピンク色ばかり見える。ピンク色とサーモンピンク色のカーネーションが、たくさん壺に生けてある。これには驚いた。ピンク色のソファーが見える。表面にムートンがあるのか、ピンク色の毛で覆われている。次いでそのピンク色の毛で、まわりを囲まれてしまった。

わたしはすべてを視覚化して見てしまう傾向がある。視覚的な情報にとらわれずに、この状態の感覚を直感的に把握してみる。ここはソフトで暖かく、ふわふわで、綿菓子みたいだ。何だかとても心地よく、すべてを受け入れるような、愛情いっぱいのような感じがする。否定・拒絶の対極の、肯定・受容。否定は冷たい。ここは暖かい。ピンク色の持つ何ともいえない暖かさだ。ピンク色は、やっぱりここの状態を表すのにぴったりだ。それから柔らかさ。ピンク色のムートンに、全身を包まれているというのがやはり、ここの状態を一番よく表している。

しばらくして、額のあたりかその上のほうが、黄色に光っているのが見える。どんどん上に引っ張られて上がっていく。螺旋状に上がっていく。ただ腰のあたり、下半身はしっかりベッドにくっついていて、上半身だけがどんどん上に伸びていく。上のほうから黄色の光が降ってくる。これがどういう意味なのか、よくわからない。そうだ。ガイドに聞こう。

「振動数を引っ張り上げているのだ。もっと上のほうの振動数が把握できるようにだ」

「どのあたりまでだ」

「49だ。スターラインズ・プログラムに参加すればわかるだろう」

次のセッションはフォーカス18で自由行動というもの。

フォーカス18まで行く途中、いろいろ考える。さっきのミーティング中に泣き出した人がいたが、どうもそういうのは苦手で、すぐに無視したくなる。テレビとかでお涙ちょうだい的な場面になると、わたしはいつも茶化したり、馬鹿にしたりして、自分が共感して泣くことを避けていることを思い出した。

考えてみると、子どものころから泣くことは男らしくないこと、泣いてはいけないという社会的、文化的な抑圧があったことに気がついた。こういったことも、ハートを閉ざすひとつの要因になっているわけだ。

18に着いた。巨大な犬の表面にいるのか、毛が一面に生えたところにいる。18はさっきもそうだったが、毛皮のなかに包まれているような感じがする。ガイドに、なにをしたらいいだろうか？と聞く。

「われわれに任せなさい。ただリラックスするだけでいい。心臓移植手術をする」

「え！　肉体の心臓なら移植できるけど、エネルギー体の心臓を移植できるのか？」

「Why not？（できない理由はない）」

待っていると、上のほうから心臓の上になにかが降りてくる。シャワーヘッドみたいな形をしている。と思っていると、お湯のシャワーが出てきて胸にかかった。湯気が立っている。

湯が止まり、シャワーヘッドは形が変わって、骸骨の手のような細い何本もの指状のものになった。それが胸に入ってきて心臓を取り出して、別の心臓を挿入した。

「この新しい心臓はもっと大きく、パワフルだ」

「これでもう終わりなの？」

「そうだ」

「いままでの心臓はどうなるの？」

「心配ない」

「新しい心臓はどういう機能があるの？」

「もっと愛情を享受できたり、共感できたりする。ただ、キャパシティーが大きいというだけで、使う人の使い方次第だ。あなたはまだ、悲しみを共感したくない、という傾向があるから、そういうのを治していく必要がある」

何だか前に比べてハートの部分が大きくなったような感じがする。直径20センチぐらいの空間ができたような感じだ。

フォーカス18について若干補記する。

帰国後、モンロー研から情報誌が送られてきた。そのなかに、ハートラインに参加したヒーラー（霊的なヒーリングを行なう人）の体験談が載っていた。

彼によれば、フォーカス18はヒーリングを行なうのに最適の意識状態であるという。フォーカス18ではどの人ともつながることが可能で、その人の病気の本質が見抜け、それを癒すためのエネルギーを、簡単に送ることができるという。

新たな過去世記憶

翌10月16日（水）、朝4時すぎ。実は2時前からウトウトしていた。昨日の朝は、ガイドに連れられて緑色の丸いものが並ぶ草原まで来たところで、眠ってしまっていた。このつづきを見せてもらおうと、ガイドにお願いしてある。青い海と白い砂の映像が見えたり、広々とした草原が見えたりするが、それを頭のなかで知らず知らずのうちに言葉で表現しているうちに、映像が途切れてしまったり眠ってしまったりということを、10回以上繰り返している。

なにかが、その先を見ることをさえぎっているのか？　恐れとかがあるのか？

突然、次のことが自然に出てきた。

わたしは大草原に住む部族の青年。戦に出る前に母に手紙を残した。

ここまで育ててくれてありがとう。きょう戦に出ます。

ぼくは馬と風、それに星が好きだ。

きょうはみんなを守るために敵を討つ。

必ず帰ってきます。

約束します。

草原で、馬に乗り弓矢を持った集団が横一列に並んでいる。これから敵を攻撃しようとしている。すると、左後方の草むらから敵が一斉に矢を射かけてきた。不意を討たれ、われわれは次々と死んだ。わたしも死んだ。わたしはその後、風になり、星になった。ただひとつ、母との約束を守れなかったことが心残りだった。


ここがどこで、いつなのかはわからない。大きな空、広々とした大地、風、暗い横向きの雲が、いくつも空を覆っている。中央アジアか北アメリカか。

もう一度ベッドに横になり瞑想する。草原を馬に乗って走りまわっている人が見える。上半身は裸のようだ。みんなで戦の練習をしている。走りながら矢を射る。おれは矢を射るのが大好きだ。馬に乗って走り、風を切り、風になる。みんなではしゃぎながら走っている。おれは武者だ。父も武者だ。

ガイドに、もう少しこの過去世について情報がほしいと言うと、自分で感情を探り寄せるようにしなさいとのこと。

次いで映像が変わる。日本の武士の一団が、とぼとぼと歩いていく。背丈ほどもある草がぎっしり生えた前に道があり、そこを右手のほうへ歩いていく。みな槍を持ち、甲冑で身を固めている。みな、うつむきかげんだ。馬に乗った人もいる。戦に敗れたらしい。兜をかぶったひとりが、その場にしゃがみ込んだ。わたしだ。

「もう戦はこりごりだ。戦いなんかいやだ」

立ち上がり、ふらふらしながら歩いていく。とくにケガをしているふうではない。疲労困憊なのだ。やがて大きな屋敷が見えてきた。そのなかに入ったのか、集団はもう見えない。

ガイドに、こういった記憶が、いまの人生に対してどういう意味を持っているのか、説明してもらう。

「最初に見た人生。母親に対する思いは、いまも心の奥深くにそのまま残っている。解放するのはかなりむずかしい。ただ、それがなにかいまの問題の元になっているかというと、そうではないので、とくに解き放つ必要はない。

次に見た人生。戦がいやになったので、その後の生の選択に大きな影響をおよぼした。それまでは武者としての生を重ねてきたが、これ以降は武者を避けるようになった。あなたも知っているように、イギリス南西端での生は農夫だった」

もし最初に見た人生での出来事が、いまの人生でそれほど問題になってないのなら、どうして草原での過去世の映像をよく見るのか？　いままで家でヘミシンクを聞いたときにもよく見た。

「それはもっと重要な出来事があるからだ。たとえばこの前見た、あの緑色の丸いものが何だかまだ、明らかにされてないだろう。それから、水辺で矢に射られて死んだ生についてもわからないだろう。これらはみんな、草原で武者だったときのいくつかの生での記憶だ。重要な出来事だが、まだあなたには明らかにされてない。あなたの心の準備ができていれば、見せられる」

心の準備はできていると思う。

「そうかな？　どうもそうは思えないが。そのうちできるときが来れば、自然に知らされるだろう」

と言うことは、これ以上この過去世のことは、きょうは無理と言うことか。それならなにかまったく違うことがしたいけど。

「明るいとやりにくいから、コンピュータをＣＨＥＣユニットから出し、明かりを消してベッドに入ったほうがいい」

指示に従う。

「じゃ、ちょっとおもしろいことをしましょう」

なにが起こるのかと待っている。足元のあたりにガイドがいることが感じられる。すると顔の目の前が明るくなった。目の前10センチぐらいのところにガイドがいる。

これから空を飛ぶという。自己を捨てて、ガイドにすべてを任せるようにするのがいい。

山の斜面の上空、数百メートルのところを飛んでいる。黒いガウンを着た金髪の人がスーパーマンの形で前を飛んでいる。なにかの機械がその両手の先にある。わたしはこの人の両足にしがみついている。

「飛ぶことを単純に楽しみなさい。喜びはエネルギーの流れをよくする。詰まった部分の流れをよくするので、楽しむことが大切」

飛びながら右へ左へ素早く動く。1回転する。ガイドはヤッホーとか言って喜んでいる。ガイドは金髪の女性だ。

次いで地面に降りると、いつのまにかガイドは虎のような、ぬいぐるみを着ている。すると、なにかの四つ足の動物に変身した。わたしもなにかの動物になった。四つ足で走っていく。空転をしたり、ともかくエンジョイする。

今度は草原に寝転んでいる。目の前に草が見える。

「大地は生命力の源。ときどき草のなかに寝転ぶといい」

そういや、子どものころよく牧草のなかに寝て空を見ていた。春先のころで、ひばりが鳴くころだ。青空の下、草がひんやりと冷たく、風が心地よかった。なんだかとても幸せだったことを思い出した。

「大地に寝転んで、エネルギーをもらうことは、とても大切なんだ。現代人に一番欠けていることだ。母なる大地という。もっと頻繁に寝転ぶこと」

もう一度空を飛んだ。今度はバイクみたいなのに乗っている。しばらくして、これで十分ということなので、明かりをつけて記録をとる。

最近感じているのは、自分の意識が拡大したのか、ガイドが降りて来ているのか、ガイドとの会話というよりも、自分のハイヤー・セルフとか一部との会話、という感じになることが多い。

以前は、自分とガイドは別の存在という感じが強かったが、それよりも、自分の高次の部分という感じのときが多い。

朝7時前にベッドから出る。外は昨日の晩から雨がけっこう激しく降っている。寒い。

トータル・セルフ

次のセッションの説明に入る前に、トータル・セルフについて、若干説明しておきたい。というのは、今後何度も出てくることになるからだ。トータル・セルフはグレーター・セルフとも呼ばれ、より大きな自己のことで、過去世のすべての自己の集合体である。全自我と訳される。

すべての人にはそれぞれ、ガイドと呼ばれる知的存在が複数いる。ガイドから別の機会に教わったのだが、わたしの場合は12人いるようだ。

ガイドは一般には守護霊とか守護神、ガーディアンと呼ばれることもある。またハイヤー・セルフと呼ばれることもある。何百、何千という過去世の自分のなかで、人間として輪廻することを終了した者たちである（なかには別の生命系での人生を終了したものもいる）。大勢いる自分のなかで、霊的に進歩前進した者たちとでも言ったらいいだろうか。

この定義は、何だか矛盾しているように思われるかもしれない。ある時点で輪廻を終了したのなら、その時点からあとの人生というのは、存在しないはずじゃないのかと。この点に関してモンローの『究極の旅』180ページによれば、毎回ガイドたちが、過去世の要素や人格、記憶を混ぜ合わせて、新しい人格をつくり出して人間界へ送り出している、とのことである。

トータル・セルフとは過去世の自己の集合体であり、ガイドたちがその核にいる。いまの自分とは意識の糸でつながっているが、それを顕在意識的に明らかに知っている人は少ない。自分の意識の階梯を上がっていくと、上のほうでこの核に、つまりガイドたちにつながることができる。そのため、ハイヤー・セルフという把握のされ方をすることもある。

モンローはトータル・セルフという言葉は使わず、「向こうの自分」（I/There）と呼んだ。あるいはそのなかの代表格（つまりガイドたち）のグループをエクスコム（ＥＸＣＯＭ、エグゼクティブ・コミッティー）と呼んだ。

ブルース・モーエンはガイドたちを、ディスク・メンバーと呼ぶ。その理由は、ディスク（円盤）の上に彼らが並んでいたからだ。

ガイドはそれぞれが別々の人格、経験を持つが、集合体全体（トータル・セルフ）としてみれば、可能な限りのありとあらゆる経験、知識、感情が蓄えられている。

ガイドたちはわれわれが生まれたときから、われわれのことを見守ってくれている。ただこちらが意識を閉ざしているので、通常はコミュニケートできない。彼らはときどき存在を示そうとするのだが、われわれはほとんどの場合に気がつかないか、気がついても「まさか」と無視してしまう。

危ないところで大事故を免れたとかいう場合は、ガイドが何らかの手助けをしていることがある。ただ、人間はみないずれ死ぬのであるから、死なないように常に手助けしてくれるわけではない。

ガイドは全知全能ではなく、彼らにも知らないこと、できないことがある。これはフォーカス27で働くヘルパーたち全般に言えることで、モーエンの本を読んでいると、ときどきそういう場面に出くわす。これこれについては、どこそこのセンターの連中のほうが詳しいから、そっちに聞いてくれとか言われたりする。モンローの場合でも、はじめインスペックという「光の存在」が現われていろいろ教えてくれるが（あとでガイドであることがわかる）、あるところで消えてしまう。モンローがインスペックと同じレベルまで達したからだ。

説明が長くなったが、最初のセッションはフォーカス21で音声ガイダンスに従うというものだった。

21へ着く。音声ガイダンスの指示があった。

「トータル・セルフとのつながりが切れた場所・ときへ、ガイドに連れていってもらいなさい」

ゆっくりと下のほうへ移動する。母親の胸が見える。胸に抱かれている。自分の姿は見えないが2、3カ月の赤ん坊か？

「トータル・セルフとのつながりが切れたわけを、ガイドに説明してもらいなさい」

ガイドの説明

「身の周りで起こっていることすべてに、好奇心がそそられたからだ。肉体を持つことによるあらゆる刺激に、五感からの刺激に興味をかき立てられた。触感、痛み、光、動くもの、寒さ暑さ、ありとあらゆるものが、ものめずらしかった。そういうものに没頭するうちにトータル・セルフとのつながりが切れた」

音声ガイダンスの指示

「その後もトータル・セルフから隔離されているという、幻想に縛られるようになるあなたの行動パターンを、ガイドに見せてもらいなさい」

ガイドの説明

「物質界に存在するということ自体が、つながりを忘れさせてしまう。外界から常に入ってくる刺激がそうさせる。さらにあなたは常に外に興味が向かっていて、内面には向かわなかったから、トータル・セルフと完全に隔離されてしまった」

音声ガイダンスの指示

「こういった行動パターンを捨て、トータル・セルフとのつながりを取りもどしなさい。そしてＰＵＬ（無条件の愛）を受け取り、I am love（わたしは愛である）と把握しなさい」

ハートを開き、トータル・セルフとつながろうと必死に試みるが、うまくいかない。とうとう時間切れになった。非常にがっかりした。今回このコースを取った主な目的がこれだったからだ。ガイドに、どうしてうまくいかないのか聞いたが、答えはなかった。まだこちらの準備ができていないのか。一体どうしたらＯＫになるのか？

出会い

きょう3回目のセッションは、ゲートウェイでやったことがあるが、ガイドからいまの自分にとって５つの重要なメッセージをもらうというものだった。

このセッションは、結果的に音声ガイダンスを、まったく無視することになった。

ベッドに横になって目を閉じると、頭の上のほうが明るい。部屋は真っ暗なのにだ。まるで部屋の明かりがついたままのようだ。最近いつもこうだ。

セッションがはじまった。しばらくすると、上の明るい部分が次第に大きくなって、その向こうに空間が広がっている。そのなかに入った。そこは草原で、遠くに森があり、空は青い。いつもフォーカス10で見る景色だ。静かで穏やかな世界だ。移動していく。視界が何回か変わり、最後に大きなホールに出た。向こう側の外への開口部の前に人が立っている。太った人で中国服のようなのを着ている。わたしはいつの間にかその人の横にいた。

「わたしはあなたのガイドのひとり。過去世のひとつで、中国で宗教の司教をしていたときのあなただ。あなたが過去世で中国人だったことはあまりなかった」

ここはバルコニーのようなところで、向こうには中国の庭園にあるような湖が見える。何だかこの人はわたしの師匠で、わたしは弟子という感じを受けた。スター・ウォーズのエピソード2で、アナキンとパルパティンが話をしている場面*を思い出した。

「ここはトータル・セルフの場所、ガイドたちがいる。すべての記憶が貯えられている。あなたはトータル・セルフとつながっているが、ハートの感度が悪いので、ＰＵＬ（無条件の愛）を感じられない。ハートの感度が悪いというか、フィルターがあいだにあるといってもいい。フィルターは偏見、先入観、恐れとかでつくられている。フィルターを取り除くように、ガイド側からもあなたの側からも努力する必要がある。

あなたはここの交信はできている。そちらのほうの感度はいい。だからいままでも会話ができていた。いま見えている風景はすべてあなたを安心させるためにつくり出したもの。とくに最初に見た草原はそうだ。あなたが興味を持ってここまで来られるようにつくり出したのだ」

「あの球のガイドに会いたい」

以前ゲートウェイで出会った金色の光り輝く球に会ってみたいと思った。

しばらくすると、透明の球が現われた。今回はほとんど無色だ。

次いで、女性のガイドが現われた。このガイドは、わたしの過去世におけるすべての女性的側面を、抽出したものとのこと。この女性の姿ははっきりとは見えないが、女性であるということはわかる。この前話しをしたユリアという名のガイドのことを一瞬思い出した。

このトータル・セルフの場所はフォーカス・レベル的には、そのどこにも対応していない。C1にも10、12、21みな近いのだ。

日本に帰ってから思い出したのだが、この中国人のガイドには、以前夢のなかで会ったことがある。10年以上前のことだ。この夢には強烈なインパクトを受けたので、詳細な記録を当時残していた。1991年5月12日、日曜日の朝のことだ。

夢のなか、ディズニーのようなアニメを家族で見ていた。偉い僧侶が小さな恐竜のような動物を2匹殺して剥製《はくせい》をつくった。高僧はこれを民衆に見せて、宗教上の見せしめにしようと考えていた。つまり悪いことをするとこうなるぞと見せつけようと思ったのだ。翌朝、民衆を呼び集めると、この剥製といっしょに高僧はみなの前に立った。高僧の立っているところはまわりから1段高くなっていて、民衆からよく見えるようになっていた。高僧が民衆にいざ話し出そうとしたそのとき、一方の剥製の前足の部分がパッと開くや、なかから仏様が

＊スター・ウォーズねたで申し訳ない。著者は大のスター・ウォーズファンなので、つい、こういう連想をしてしまう。

現われた。小さな5センチばかりの仏様ではあったが、雷のような大音声を発せられた。

「馬鹿者めが！　生きものを2匹殺しておいて、見せしめもなにもあるか！」

仏の大喝は僧のはらわたを貫き通した。高僧はその場に泣き崩れた。

「わたしは大馬鹿者だった。わたしほどの悪い人間はいなかった！」

アニメのナレーションが、高僧はこの瞬間に悟りを開いたと語った。そして読経がつづいた。

不思議なことに、わたしはこの仏様の言葉を自分のこととして聞いてしまった。自分が仏様に怒鳴られたと思った。その瞬間に、さまざまなことを悟った。
●太古の昔からその存在（そのときは仏様だと思った）は、わたしのすぐそばでわたしのことをずっと見守ってくださっていたこと。
●そうとは知らず、本当に申し訳ないことをしてきたこと。
●なにが罪だといって、これを知らないこと以上の罪はないこと。
●人を1000人殺したって、この罪には、はるかにおよばないこと。
何だかもったいなくて、うれしくて、涙があとからあとから出てきて、ついには鼻血が出た。その後1週間ぐらい、見るもの聞こえるものすべてが愛らしく、アリを見てはアリががんばって生きているのが何ともせつなくて涙し、ダイアナ・ロスの歌を聞いては泣けてきた。

いままで気がつかなかったが、おそらくこの夢は、過去世で中国で司教をしていたときの自分の体験を、追体験したものだったのではないだろうか。

話をモンロー研でのハートラインにもどす。

翌10月17日（木）、朝5時半ごろからベッドのなかで、ハートにかかったフィルターについてあれこれ考えた。恐れに基づいたプロテクション（防御）反応が根っこにある。子どものころのいくつもの体験、小学校に入ってからの体験など。そのあとも恐れから同じ行動パターンをとっている。でもその元にあるのは何なのか。

ガイドたち

その日最初のセッションは、フォーカス18で自由行動というものだった。

セッションがはじまるとすぐ緑の草原が見える。青空。山の斜面を木が覆っている。広々とした景色。静かで穏やかな光景だ。フォーカス10でよくこれを見た。いままでずっと気がつかなかったけれど、これはトータル・セルフへの入り口なのだ。

ずっと移動して行くと、下に大きな白い花が見えてきた。地面に広がっている。蓮の花か。中央部からなかへ入る。そこは少し暗く、日本庭園みたいな池と木々がある。横に行くと、薄茶色の建物とその柱が何本も見える。暗い。何だか恐い。ガイドの声。

「ここはあなたの心のなかの恐怖、恐れの層だ。ありとあらゆる恐れと、その記憶が貯えられている。死の恐怖。人に会う恐怖。独《ひと》りになる恐怖。暗闇の恐怖」

下に移動して行くので無理に上へ。大きな池に出た。ここはリラクゼーションの場だという。下へ。地下のプールまたは貯水場みたいな場所が見える。明るい。薄青色の水面に光のパターンが縞模様をつくっている。柱が何本も見える。これまでの自分のすべての記憶を貯えてある場所だという。

次いで暗い部屋へ。天井から黒茶色の毛の塊みたいなものが、いくつも下がっている。人の背丈以上ある。縦長のマリモといったところだ。何だろうか?

「自分で調べるように」

あっ、そうか。これはハートの詰まりか。以前X27・プログラムを取った際、ハートが詰まっていると言われ、自分のハートを見せてもらったことがある。毛むくじゃらの胸が見えたのを思い出した。セッション後に気がついたのだが、この形は過去世の緑の草原で見た丸いものと同じである。

音声ガイダンスがフォーカス18に着いたことを告げる。

部屋にいる。白い壁。指のような突起物が、いくつも出ている。

丸い部屋になった。ここはどこだろうか?　くすくす笑いが聞こえる。

「まだ気がつかないの!」

と言ってるような感じだ。そうか、ガイドたちのいる場所だ。壁の前に人がひとり現われた。アルミ箔みたいな銀色のもので、全身が包まれている。頭と顔は三角形のアルミ箔状のもので覆われている。隣にもうひとり現われ、さらに順に何人も現われた。みな同じ姿をしている。わたしを取り囲むように丸く壁に沿って並んでいる。ガイドたちだ。ずいぶんいる。数十人か。するとみんなが寄って来てわたしのことを胴上げした。

次いで外へ出た。ガイドたちはみな、道を向こうへ走っていく。

ふと見ると隣に石の壁がある。古い建物の壁のようだ。ひとりのガイドといっしょに登っていく。てっぺんに着いた。ここは、そうだ。フォーカス27でCIと会った場所だ。険しい尖がった岩山のてっぺんが建物になっていて、その最上階でCIに会ったことがある。眼下に広大なフォーカス27が広がっているのが見える。まわりはなだらかな山の斜面で、森に覆われたなかに、白い建物がたくさん見える。それぞれがフォーカス27のなにかのセンターだ。青い空。透明度が高い。東京の冬の朝の空のように鮮明だ。

ガイドがひとつすることがあると言う。ついて行くとさっきの毛の塊の場所に来た。これを少し取り除こうと言う。スター・ウォーズに出てくる、ライトセーバーで切り落とすことにする。剣を水平に振って、できるだけたくさん切り落とした。

少し時間があるので、リラクゼーションのために水上スキーをしようとガイドが言う。広々とした湖で水上スキーを楽しんだ。

音声ガイダンスがC1へ帰還するように指示する。どんどん降りて行く。

「ガイドさんと、ここで別れないといけないのか？」

「われわれはいつもいっしょだ。われわれはひとつ。あなたはわれわれの一部だ。われわれはいつもいっしょだ」

どんどん降りていく。あとで記録をとるときに、忘れていたらどうしようと思う。

「思い出すように手伝ってあげるから、心配しないように」

Ｃ１に帰還。

ついにトータル・セルフに会うことができた。トータル・セルフと、はっきりつながったのだ。わたしは独りではなかった。ガイドたち、トータル・セルフといっしょだったのだ。彼らはわたしを優しく見守ってくれていたのだ。来たければ、いつでもここに来られる。このトータル・セルフの場に。

ただ、まだしなければならないことがある。ハートの詰まりを、フィルターを取り除かないといけないのだ。

透明な光の球

次のセッションは「木」という題のついたセッションで、音声ガイダンスに従うというものだった。「木」とは何なのか説明はなかった。

フォーカス10ぐらいで、自分のＣＨＥＣユニットの壁がなくなって、各部屋に人が寝ているのが、見えるような感じがする。隣の部屋で寝ている参加者のケンに「ハイ」と言ったら、向こうから手が伸びて来て握手した。あとでケンにこの話をしたら、ケンは驚いたようすで、実は最初の日のセッションの際に、わたしと握手したのだと言う。こういう状態は時間にあまりとらわれないのか。

フォーカス10。例によって緑色の広々とした草原が見える。

音声ガイダンスは、いまからでは順番を思い出せない部分があるが、こんな感じだった。

まず金の鍵をもらうように指示がある。目の前に金色の鍵が現われたのには驚いた。これはSacred Place（神聖な場所）のドアを開けるためのものという。

「ドアの向こうには花、池、森の世界が広がっています」

なあんだ、その世界ならもうすでに入っている。つまりトータル・セルフの世界のことだ。

「川があるので、水浴びをして体を清めなさい」

池で水泳をしたり、水上スキーをした。

「大きな木があります。これはあなたの心のなかで成長しました」

大きなブロッコリみたいなのが目の前に立っている。

「木と一体になりなさい」

木のなかへ入る。上のほうへ上がっていく。てっぺんから見下ろすと、はるか下に足元が見える。

「上空に光があります」

頭の上に金色の光が見える。ダイヤモンドみたいだ。無色透明の結晶の中央部が金色に輝いている。外側の結晶の形は変わっていく。両端の尖った形から、球状へ。中央の光は変わらない。聡明さを感じる。クリスタル・クリアーだ。*

「クラウン・チャクラ（第7チャクラ）から、その光を体内へ取り込みなさい」

光が、頭のてっぺんから体内へ入ってきた。光の点とそのまわりに直径20センチぐらいの輝く部分がある。ゆっくり降りてくる。喉を通り、ハートへ。光は点滅している。1秒に2回ぐらいだ。ハートに入った瞬間、何ともいえない優しさ、柔らかさを感じた。

同じ感じを以前27の結晶で感じたことがある。見える色は金色だけど、なにか白いという感じを受ける。決して冷たいという感じで白いのではない。暖かいのだが、白い。聡明さなのか。言葉では表せない。光は体のなかを下がっていく。

おなかからさらに下に行き、足から出て地球のなかへ。光とそのまわりの透明の球が見える。何ともいえないクリスタル・クリアーな感じだ。

帰途

翌10月18日(金)、朝5時にマイクのバンでモンロー研を出発。ペニーが見送ってくれた。寒い。気温は0度。空にはオリオン座とシリウスが美しく輝いている。途中ところどころで霧のなかを走った。

ワシントン・ダレス空港のロビーで全日空1便の搭乗開始を待つ。寝不足で少し眠い。目を閉じるとまわりのようすが見える。というか、詳細は違うが、ロビーの通路、イス、窓が見える。脇を人がさっと通りすぎた。ただ目を開けると誰もいない。背の高い黒人女性が機内持込み荷物を引きずりながら、こちらにまっすぐ歩いてくる。小豆《あずき》色のスーツを着ている。なにかわたしに話しかけてくるが、聞こえない。彼女は少しイライラしているふうだ。目を開けるとその女性は見えなかった。

また別の女性が話しかけてきた。やはり少しイライラしている。しばらくしてさらにもうひとり話しかけてきた。みんな、目を開けると消えた。この世の存在ではない。

飛行機のなか、ひと寝入りしたあと、MDで音楽を聞きながら瞑想していると、やはり、いない人が見える。女性の搭乗員が、右手をすっと上げると、天井に沿って移動して消えた。また、別の女性搭乗員が歩いているが、目を開けるといない。ひとりやふたりではない。けっこうな人

＊クリスタル・クリアーという英語表現が日本語としてどれだけ定着しているかわからない。ただ、この表現が一番ぴったりする。完全に透明で、たたくとピーンと音が響くような感覚。同時に、聡明で、一点の曇りもなく明らかな感じである。

数がいる。ガイドが話しかけてきた。

「彼女たちは幽霊なのだ。どこかで事故で死んだのに、いまだに仕事をつづけている。飛行場とか飛行機のなかは幽霊が多い」

前方のコックピット内、ふたりのパイロットのあいだに白人男性が座って、一生懸命アドバイスをしている。明るい青の制服と帽子は、昔風の厚手のウールでできている。まったく無視されていることに少々腹を立てている。

「彼は民間航空機のパイロットだった。事故死した。いつごろの人かわかりますか？」

着ている服から見て、戦時中、それより戦後直後ぐらいだろうか。ここに見える人たちはみな幽霊なのだろうか。

「本物の幽霊もいるし、あなたの想像の産物もある」

どうやって見分けるのだろうか。そうか。幽霊はどっちかというとイライラしていたり、混乱している感じがある。なにかの思いにどっぷりつかっていて、適格な判断ができていない。

「そのとおり」

「この幽霊たちを救出する必要があるのだろうか？」

「いまはその必要はない」

少しほっとする。

「ところで、これからまた日常生活にもどると、世間のいろいろなことに集中するようになる。

こちらとのコンタクトを保ったまま、集中すること。これは練習が要る」

そういえば赤ん坊のとき、まわりへの好奇心から、トータル・セルフとのつながりが切れてしまったんだった。

「完全に切れたわけではない。細いながらもつながってはいた。今回パイプはけっこう太くなった。いまのところ、あなたの意識としては、こちらとはなれて存在し、こちらからの情報を、パイプを通してダウンロードするような形を取っている。さらにつながりが強くなると、ヒトデのような形になる。つまりヒトデの出っ張った部分があなたで、中央部がここだ。ここの意識の一体感がさらに強くなり、こちらの考えが自分の考えと同化するようになる。そうなれば、真にわれわれはひとつという状態になれる」

ということは、その段階までいけば、ガイドと同じような状態になるのだろうか?

「そうだ。あなたもいずれガイドになる。こう言われれば、いま自分のやっていることが自身をどこへ導いていくのかはっきりしただろう」

何だかすごく安心した。でもガイドになって、誰をガイドするのだろうか。

「われわれには、ここの意識のつながりが弱い仲間が大勢いる。彼らをここまで連れて来る必要があるのだ」

第十四章　独りではなかった

モンロー研訪問の収穫

6度にわたるモンロー研の訪問で、得たことは多い。そのなかで一番の収穫は、自分は独りではなかったということ、ガイドたちが見守ってくれていた、ということを知ったことである。その存在を直接感ずることがなくても、常日ごろ、わたしのすぐそばで、じっと見守ってくれていた。こう知ることで、なにかすごくほっとした。肩の荷が下りたような気がする。また、自分が死んだらガイドたちが面倒を見てくれると思うと、死に対して持っていた漠然とした恐怖が、かなり軽減した。

わたしは、人が死んだらどうなるのか、ということに、子どものころから興味を抱いていた。それは死の恐怖に、たびたびさいなまれたからである。死を思うと心が真っ暗になり、暗黒の闇のなかに突き落とされることがあった。そこは、「希望」の2文字が、絶え果てる世界だった。

死というのは残酷なものである。死に直面した場合、たった独りで対峙しなければならない。誰も助けてくれないのだ。そして、たった独りで死んでいかなければならない。死以外の世間事は、時間の経過が解決することもあるが、死はそうはいかない。時間はことを悪化させるだけである。死に直面した場合、問題の先送りはできない。

わたしは成長するにつれ、恐怖にさいなまれることはなくなったが、それでもいずれ死ぬときが来る。その際にまた死と対峙しなければならない。その前に何とか死の恐怖を解決できないものかと思ってはいた。

それがモンロー研を訪問することで、新たな展開をみることになった。

モンロー研で死後の世界を自分で体験し、そのさまざまな世界を直接把握することができた。死後は未知ではなくなったのだ。これだけでも死の恐怖はかなり減った。ここで、重要な点は、わたしは死後の世界について、誰かの話を聞いてそんなものかと理解したのではない。自分の直接体験で知ったという点だ。この違いは大きい。言ってみれば、幽霊を見た人の話をテレビで見て、「ふーんそんなもんかね」と茶の間で言ってるのと、その茶の間に幽霊が出てきて、ぞっとしたぐらいの差がある。

そしてガイドたち、トータル・セルフとの出会いである。ガイドたちが、常に見守ってくれていたことを知ったことは大きい。先述したように、それを知ることで得た安心感は大きい。

モンロー研ではさらに、いくつもの過去世の自分を知ることができた。自分は悠久の過去からずっと存続してきたことがわかった。肉体は滅んでも魂は永遠なのだ。魂という表現が正しいかどうかはわからない。自分の本質とか実体とか言ったほうが、正しいかもしれない。それが肉体とは独立して存在すること自体は、体外離脱体験を通して知っていた。が、自分が悠久の過去から輪廻を繰り返していたことを、直接体験を通して知ることはなかった。モンロー研はそれを可能にした。

それだけでない。わたしは家内といくつもの過去世で兄妹だったり、いいなずけだったり、夫婦だったりしたこともわかった。いわゆるソウル・メイト（魂の伴侶）である。死に別れたり、結婚できなかったりしたことが多かったので、いまの関係の持つ重さ、大切さが身にしみてわかる。家族に対しても同じ思いだ。袖振り合うも多生の縁。すべての出会いは偶然ではない。そこに過去からの強いつながりを感じるのである。

あとがき

死後の世界への好奇心から、その探索という旅をはじめたとき、この旅がわたしを、どこへ導いて行くのか、わたしにはわからなかった。わたしはただひたすら、自分の嗅覚で道を探り当て、先へ進んでいると思っていた。

いま、トータル・セルフと巡り会うことができ、すべてはわたしをここへ導くためのものだったことが理解できた。わたしが10年ほど前に体外離脱体験を頻繁にしたのも、そのあと、体験の頻度が減ったのも、また、さまざまな不思議な夢を見たり体験をしたのも、みなガイドたちの仕組んだことだった。モンロー研に来てプログラムを受講し、最終的にトータル・セルフとの邂逅ができるように導いてくれたのだ。

わたしはガイドたちに感謝している。ガイドたちの導きがなかったなら、ここまで来ることはなかっただろう。またヘミシンクを開発し、モンロー研を設立したロバート・モンローに感謝する。彼の発明とその後の活動がなかったなら、わたしがトータル・セルフに会うことはなかった。

この本に書いたことを、にわかに信じる必要はない。たとえ信じたとしても、信じている状態と本当に知った状態とには、大きな違いがあることを理解していただきたい。信じているという段階は、まだ疑いのある状態なのである。たとえば、太陽を見てその存在を知っている人は、「わたしは太陽があると信じる」とは言わない。「わたしは太陽があることを知っている」と言う。「信じている」段階から「知っている」段階へ移行するには、自分自身で体験する必要がある。太陽の例では、太陽を見るという体験が不可欠だ。体験を通してのみ、未知は既知となる。

自分で体験しない限り、未知は既知とはならない。わたしの体験は、あなたにとってはあくまで参考程度にしかならない。これは水泳や車の運転技術を体得するのに似ている。他人がこれらを学ぶのをいくら見ていても、あるいは本を読んで理解しても、本人が練習しないことにはちっともうまくならない。

プールのどまんなかに放り込まれたら、おぼれるしかないし、高速道路を走行中に突然ハンドルを渡されても、事故るしかない。頭で理解していても役には立たないのだ。

死後の世界についてもトータル・セルフについても、この本を読んでこういうものかと頭で理解しても、死んだ際にあんまり役立たない。

死ぬ前に自分で体験し、既知とする必要がある。

水泳や運転を覚えるのに時間と練習が必要なように、死後の世界を探索し未知を既知とするには、努力が必要である。ただ、努力は必ず報われることを、知っておくべきだろう。

モンロー研での体験を通して、わたしは死後の世界の存在を知った。また自身のトータル・セルフと会えた。死後の世界の存在は、明白な事実となった。またそこにある、さまざまな世界や、フォーカス27の存在、ヘルパーやガイド、CIたちの存在も既知の事実となった。

これはなにもわたしに特殊な能力があったからではない。たしかに10年ほど前に体脱体験を頻繁にしたという経緯はあった。ただこれは、わたしをモンロー研へ導くためにガイドがしたことだと、いまでは理解している。わたしは、どんな人もヘミシンクを使って練習すれば、死後の世界を体験することが、できるようになると思う。さらにはガイドやヘルパーと交信することも可能になり、最終的にはトータル・セルフと会うことが可能だと思う。ただ何事も、熱意と根気は必要である。

ヘミシンク・テープはモンロー研から購入可能だ〔著者追記：今はテープではなくCD。アクアヴィジョン・アカデミーから購入可能〕。市販されているのはフォーカス21までだが、これらを使えば、ガイドとの交信はできる。市販されているテープのなかでゴーイング・ホーム・シリーズは、実はフォーカス27まで行くテープである。そう明記はされていないが。

わたしの場合、モンロー研に一度行くまでは、自宅でヘミシンクを聞いていても大した効果は得られなかった。ただ、いまから思えば、ガイドからのメッセージらしきものを得たことはある。

わたしがヘミシンクの本当の効果を知ったのは、モンロー研に行ってからだ。モンロー研に1週間カンヅメになり、外からの情報やら、世のなかの喧騒から隔離された山のなかにいて、心が浄化され広がっていくような気がした。そういう環境でヘミシンクを聞いて初めて、その真価を体験することができた。昔の修行者が、山の奥に入ったわけがわかったような気がした。そういう理由で、やはりモンロー研でプログラムを受講するのが、手っとり早いと思う。

この本を終えるにあたり、ひとつだけもう一度言っておきたいことがある。それは、わたしは超能力者ではない、ごく普通の人間だということだ。そういう人でも好奇心と熱意さえあれば、死後の世界を探索し、未知を既知に変えることができる。

この本をきっかけとして、ひとりでも多くの人がモンロー研を訪れ、死後の世界を「知り」、自身のトータル・セルフと出会うことができれば幸せである。

〔著者追記：今では日本でモンロー研の公式プログラムに参加できる。詳しくは巻末のアクアヴィジョン・アカデミーにコンタクトしていただきたい〕

改訂版あとがき

２００３年に『死後体験』が出版されてから、実は、この15年間にわたしの人生は劇的な変化を遂げた。それまではリタイヤした身で悠々自適の生活を送っていたのが、ヘミシンクの普及のために２００５年には（株）アクアヴィジョン・アカデミーを興《おこ》した。さらに、２００７年にはモンロー研究所の公認レジデンシャル・ファシリテーターになり、モンロー研の公式プログラムをモンロー研や日本で行なってきている。

実は、わたしは人前で話をするなどということは大の苦手だった。なので、セミナーを開催するなどということは、以前では考えられないことだった。

ところが、次第に外堀を埋められ、やらざるをえない状況になってしまった。いまから思うと、自分のより大きな部分が、そういう人生の設定をしていたような気がする。

人前で話すことに対する恐れは、おそらく幼児期から子どものころの、何らかの体験に根差していると思われる。それは１回だけの体験ではなく、いくつもの体験が重なり合っている。

その恐れを解消するには、たとえば、フォーカス23に隠れている傷ついた子どもの自分を救出するという方法がある。これはこれで効果がある。ただ、そういう自分は多数いる可能性がある。別の方法として、物質世界で人前で話をする機会を増やし、いやおうなく場馴《な》れさせてしまうというやり方がある。荒療治であり、逆効果の危険性もあるが、うまくいけば大きな効果が期待できる。

どうも、わたしのトータル・セルフは、わたしに後者を選択させたようだ。

人生は後で振り返るとき、初めて納得できるものなのかもしれない。これからどういう人生が待ってるかわからないが、トータル・セルフからのメッセージを感じ取りながら、生きていこうと思っている。

参考文献

〈ロバート・モンロー〉

1・Robert A. Monroe, "*Journeys Out of the Body*" (Doubleday & Company, Inc. 1971)（邦訳『ロバート・モンロー「体外への旅」』ハート出版）

2・Robert A. Monroe, "*Far Journeys*" (Doubleday & Company, 1985)（邦訳『魂の体外旅行』日本教文社）

3・Robert A. Monroe, "*Ultimate Journey*" (Doubleday & Company, 1994)（邦訳『究極の旅』日本教文社）

〈ブルース・モーエン〉

4・Bruce Moen, "*Voyages into the Unknown*" (Hampton Roads Publishing Company, Inc., 1997)（邦訳『死後探索1 未知への旅立ち』ハート出版）

5・Bruce Moen, "*Voyage Beyond Doubt*" (Hampton Roads Publishing Company, Inc., 1998)（邦訳『死後探索2 魂の救出』ハート出版）

6・Bruce Moen, "*Voyages into the Afterlife*" (Hampton Roads Publishing Company, Inc., 1999)（邦訳『死後探索3 純粋な無条件の愛』ハート出版）

7・Bruce Moen, *"Voyage to Curiosity's Father"* (Hampton Roads Publishing Company, Inc., 2001)（邦訳『死後探索4人類大進化への旅』ハート出版）

〔モンロー研究所関係者〕

8・Rosalind A. McKnight, *"Cosmic Journeys"* (Hampton Roads Publishing Company, Inc., 1999)（邦訳：ロザリンド・A・マクナイト『宇宙への体外離脱』太陽出版）

9・Patricia Leva, *"Traveling the Interstate of Consciousness"* (Q Central Publishing, 1998)

10・Joseph McMoneagle, *"The Ultimate Time Machine"* (Hampton Roads Publishing Company, Inc.,1998)

〔その他〕

11・坂本政道『体外離脱体験』（たま出版）

12・Joel L. Whitton, M. D., Ph.D. Joe Fisher, *"Life between life"* (Doubleday & Company, Inc., 1986)（邦訳：J・L・ホイットン他『輪廻転生』人文書院）

13・立花隆『臨死体験（上・下）』（文藝春秋）

14・源信、石田瑞磨 訳注『往生要集（上・下）』（岩波文庫）

15・中村元・早島鏡正・紀野一義 訳注『浄土三部経　上（大無量寿経）・下（感無量寿経・阿弥陀経）』（岩波文庫）

〔ヘミシンクCD販売代理店〕

アクアヴィジョン・アカデミー

住所：〒287-0236　千葉県成田市津富浦1228-3

電話番号（CD販売）：0476-73-4114

電話番号（セミナー案内）：03-6804-2001

http://www.aqu-aca.com

著者紹介／**坂本政道** さかもとまさみち
モンロー研究所公認レジデンシャル・ファシリテーター
(株) アクアヴィジョン・アカデミー代表取締役

1954年生まれ。東京大学理学部物理学科卒、カナダトロント大学電子工学科修士課程修了。

1977年～87年、ソニー（株）にて半導体素子の開発に従事。

1987年～2000年、米国カリフォルニア州の光通信用素子メーカーＳＤＬ社にて半導体レーザーの開発に従事。2000年、変性意識状態の研究に専心するために退社。

2005年2月（株）アクアヴィジョン・アカデミーを設立。

著書に「体外離脱体験」（たま出版）、「死後体験シリーズⅠ～Ⅳ」「分裂する未来」「坂本政道ピラミッド体験」「あなたもバシャールと交信できる」「東日本大震災とアセンション」「ベールを脱いだ日本古代史」「伊勢神宮に秘められた謎」「出雲王朝の隠された秘密」「あの世はある！」「覚醒への旅路」「ダークサイドとの遭遇」「死ぬ前に知っておきたいあの世の話」「ＥＴコンタクト」（以上ハート出版）、「死ぬことが怖くなくなるたったひとつの方法」（徳間書店）、「バシャール×坂本政道」（VOICE）、「地球の『超』歩き方」（ヒカルランド）などがある。

最新情報については、
著者のブログ「MAS日記」（http://www.aqu-aca.com/masblog/）と
アクアヴィジョン・アカデミーのウェブサイト（http://www.aqu-aca.com）に常時アップ

増補改訂版 「臨死体験」を超える **死後体験**

平成15年 4 月16日　第 1 刷発行
平成22年12月15日　第20刷発行
平成30年 1 月31日　増補改訂版・第 1 刷発行

著　者　坂本　政道
発行者　日高　裕明
発　行　ハート出版

〒171-0014　東京都豊島区池袋3-9-23
TEL 03-3590-6077　FAX 03-3590-6078
ハート出版ホームページ　http://www.810.co.jp

ISBN978-4-8024-0052-7　C0011　印刷・製本／中央精版印刷株式会社

「臨死体験」を超える **死後体験 II**

死後世界を超えた先は 宇宙につながっていた！

シリーズ第2弾。本当に生きながら死後の世界は見えるのか？　宇宙とは、生命とは、意識とは何か——

坂本政道 著
ISBN978-4-89295-465-9　本体 1500 円

「臨死体験」を超える **死後体験 III**

宇宙の向こうには さらに無数の宇宙があった！

シリーズ第3弾。意識の進化とは？　近未来の人類とは？　さらなる探求で見えた、驚愕の世界！

坂本政道 著
ISBN978-4-89295-506-X　本体 1500 円

「臨死体験」を超える **死後体験 IV**

2012人類大転換・宇宙生命体との交信

シリーズ完結編。我々はどこから来たのか？　死後世界から宇宙までの、数々の謎が解き明かされる。

坂本政道 著
ISBN978-4-89295-573-0　本体 1500 円

あの世はある！

ヘミシンクで知る死後の存続

矢作直樹氏・推薦。「死は単にあの世への門出として、恐怖の対象ではなくなることでしょう——」

坂本政道 著
ISBN978-4-89295-971-4　本体 1500 円

詳しくはハート出版のホームページで　http://www.810.co.jp/